Aber was ist Realität? Diese Frage stürzte mich nur noch mehr in Verwirrung. Die Realität ist stumpf und schwer wie ein randvoll mit Sand gefüllter Pappkarton, und sie ist unsinnig. Ich hatte schon Monate nicht mehr die Sterne gesehen.

Haruki Murakami
(Hard-boiled Wonderland und das Ende der Welt)

Reimund Freye

GLUCKXGEFÜHLE

Die etwas andere Seifenoper
und weitere InnenAnsichten

**Dank an meinen Schwager Dietmar Kup,
der mir bei der grafischen Gestaltung des
Buches eine unentbehrliche Hilfe war**

Bibliografische Information der Deutschen Nationalbibliothek:
Die Deutsche Nationalbibliothek verzeichnet diese Publikation in der
Deutschen Nationalbibliografie.
Detaillierte bibliografische Daten sind im Internet über
http://dnb-d-nb.de abrufbar.

© 2012 Reimund Freye
Herstellung und Verlag: Books on Demand GmbH, Norderstedt
Layout + Umschlag: Dietmar Kup

ISBN 978-3-8482-1102-9

Vorlaber

Wenn ich dem Leser dieses kleine Büchlein vorlegen kann, so verdanke ich dies den Bemühungen von zwei Freunden, die mich in meinem Anliegen unterstützten, etwas Licht in das Dunkel unserer heutigen Welt zu werfen. Der eine von Ihnen, er möchte ungenannt bleiben, um seinem Broterwerb auch in Zukunft ungestört nachgehen zu können, arbeitete bereits in verschiedenen Produktionsfirmen, die Seifenopern fürs Fernsehen herstellen.

Nach nicht unbeträchtlicher Überredungskunst meinerseits, die mich etliche durchzechte Nächte sowie eine ganze Stange Geld für Bierrechnungen gekostet hat, ist es mir endlich gelungen, ihn für eine Dokumentation zu gewinnen, wie es sie in dieser Form meines Wissens noch nicht gibt. Schließlich lieferte er mir ein Protokoll über die Produktion der kompletten Staffel einer mehr oder weniger bekannten Seifenoper, die in naher Zukunft wieder die Gefühlswelt der Zuschauer heftig durcheinander wirbeln wird.

Das Interessante daran: Er lieferte nicht nur das komplette Skript mit allen Regieanweisungen darin. Er ergänzte dieses mit sämtlichen Begebenheiten, die sich am Set tatsächlich abgespielt haben. Denn nicht immer – oder besser: nur in den seltensten Fällen – läuft alles glatt. Da sind nicht nur die üblichen kleinen Pannen, sondern da funken auch die Launen der Schauspieler dazwischen, ihre unterschwelligen, geheimen oder allzubekannten Beziehungen zueinander usw.

Daher hat er – still und leise – auch noch ihre kleinen und manchmal fiesen Nachgeplänkel in der Kantine am Ende eines Drehtages für die interessierte Nachwelt festgehalten.

Ist ein Drehtag, inklusive realem Nachgeplänkel, endlich im Kasten, kommt mein zweiter Freund zu Wort. Josef Bloom, von Haus aus Soziologe und – wie er selber immer wieder gerne betont – auch Philosoph. Er berichtet aus unserer gegenwärtigen Lebenswelt, so wie er sie sieht. Dabei unterzieht er den heutigen Autofahrer ebenso einer gründlichen psychologischen Analyse, wie er die eigentlichen Beweggründe von Verkehrsplanern aufdeckt.

Er nimmt die perfiden Strategien und Taktiken des modernen Telefonmarketings genauer unter die Lupe, und berichtet von den Fallstricken einer hypertrophen Höflichkeit, wie sie in unserer Dienstleistungsgesellschaft jeden antrainiert wird, der sie haben will – oder auch nicht. Nicht selten bedient sich Josef Bloom dabei eines Plaudertons, erzählt von eigenen Erfahrungen, selbsterlebten Reisen, und möchte damit dem Leser seine Sichtweise der modernen Welt näher bringen. Letztlich ist er als Soziologe, also Insasse einer sogenannten weichen Wissenschaft, immer noch hin- und hergerissen zwischen einer oftmals nur als Blendwerk dienenden

5

harten Begrifflichkeit und der geradezu biblischen Offenbarung einer guten und wahr erzählten Geschichte. Ja, sie leiden unsere Soziologen, aber sie werden besser.

Insgesamt soll sich dem Leser – dies mein innigster Wunsch – unsere stetig komplexer werdende Welt ein wenig öffnen, auf dass das ein oder andere Scharnier der okkulten Maschinerie moderner Sinnproduktion sichtbar werden möge.

Seit der Mensch in unseren Breiten von unmittelbarer materieller Not befreit ist, weiß die Vergnügungsindustrie um die Macht des Immateriellen, die Verlockungen der Sinnsuche, den Kick des Schattenboxens mit dem eigenen Selbst und die Verzirkelungen einer schier unendlich erscheinenden Emotionalität. Dabei darf nicht vergessen werden, dass dies alles produziert und am Laufen gehalten werden will.

Werfen wir daher zunächst einen Blick hinter die Kulissen der modernen Sinnerzeugung. Ich gebe daher nun ab, an unseren Berichterstatter der Seifenopern-Produktion. Mit einigen einleitenden Worten stellt er das Projekt und ein paar der darin mitwirkende Darsteller vor, bevor der Beginn der hektischen Dreharbeiten keinen Raum mehr für derartig kontemplative Betrachtungen lässt.

Jenny und Friends – ein Drama in zahllosen Akten

Jenny, die Titelheldin unserer Geschichte, könnte vom Land stammen, tut sie aber nicht. Ebensowenig hat sie ihre Heimat in der kleinen deutschen Großstadt, in der unsere Geschichte spielt. Jenny kommt von irgendwoher oder eben von anderswo. Kevin, unser Drehbuch-Autor, nimmt es damit nicht so genau. Hauptsache die Geschichte läuft.

Markus ist der Freund von Jenny. Er versucht alles, aber ihm gelingt nicht viel. Dies führt zu jeder Menge Huddel. Und Huddel ist das Salz in der Suppe, wie Kevin sagt. Damit sie damit nicht so ganz alleine stehen, helfen ihnen Oliver, Spongo und Wolle dabei, ihr Leben weiter zu komplizieren. Natürlich kommt hier ebenfalls die eine oder andere Zicke ins Spiel.

Oliver lebt schon lange in dieser Großstadt und plant eine richtig große Karriere. Er ist Modedesigner, Journalist und studiert nebenbei Medizin – sicher ist sicher. Irgendetwas wird schon klappen.

Spongo ist der Lebenskünstler von der Truppe. Er ist cool, hipp und – trotz seiner dürren Figur – ungeheuer fett. Er ist vollauf damit beschäftigt immer mal wieder mit seiner Band, den Roaring Eagles, aufzutreten. Ansonsten macht er sich über die holde Weiblichkeit her, und hilft aus, wo Not am Mann, oder besser an der Frau ist. Wovon er seinen Lebensunterhalt bestreitet ist mehr oder minder unklar – eher mehr als minder. Aber das spielt keine so große Rolle. Zumindest muss er öfter mal bei Wolle nächtigen, weil er anscheinend keine eigene Wohnung hat (woher auch).

Wolle ist eine Puffer-Person. Er hat reiche Eltern, ist dafür recht nett, allerdings nicht sehr helle. In seinem top-designermäßig eingerichteten Loft hat er jede Menge Platz, so dass es dort immer mal wieder zu zufälligem Zusammentreffen und dramatischen Verwicklungen kommt.

Rüdiger ist schon etwas älter, hat aber seinen Platz im Leben immer noch nicht gefunden, weshalb er so gut zu den anderen passt. Er ist Quartalssäufer und hat immer ein wahnsinnig interessantes Geschäft laufen, das ihm irgendwann „ein Vermögen einbringt", es bisher aber noch nicht getan hat. Deshalb darf er weiter bei uns mitmachen.

Ralf ist unser Regisseur. Er hat mal einen schlechten Film über das Drehen von Filmen gesehen, und meint seitdem, dass er öfter mal in der Gegend herumbrüllen muss. Er brüllt also manchmal dazwischen, aber da ihn niemand so richtig ernst nimmt, leidet unsere Serie nicht sonderlich darunter. Wenn wir partout nicht mehr wissen, welches Problem wir gerade haben, damit die Geschichte weiterlaufen kann, fragen wir ihn. Er ist einer der besten Problemgeneratoren seit es Seifenopern gibt. Das rechtfertigt seinen Einsatz.

Dass er immer wieder irgendwelche Nebenrollen spielen will, zieht zwar das schauspielerische Niveau noch weiter nach unten, aber das bemerkt zum Glück niemand von unseren Zuschauern, die in der Regel selber miese Schauspieler sind, wenn sie im wirklichen Leben mal wieder einen unserer Charaktere nachspielen.

Nach jedem Drehtag trifft sich alles in der Kantine. Hier werden die wirklich wichtigen Entscheidungen getroffen. Auch setzen sich die Beziehungsprobleme hier fort, oder fangen hier an. Da wir alle so fürchterlich ein- und angespannt sind, hat keiner mehr Zeit für ein Extra-Privatleben. So müssen wir eben nehmen, was die Serie uns bietet. Aber viele andere, draußen in der Freiheit mit Freizeit machen es ja auch nicht anders.

Jedenfalls gibt's nach jedem Drehtag noch einen Après-Dreh in der Kantine.

Zur besseren Übersicht hier nochmal die wichtigsten Personen unserer Soap:

Jenny – kein Landei, aber trotzdem so naiv, dass die Zuschauer(in) ihr immer eine Nasenlänge voraus ist, oder umgekehrt.

Markus – Freund von Jenny, zumindest prinzipiell, meist aber mit ihr zerstritten; handwerklich äußerst begabt, hat aber mit dem Wiederzusammenbauen seine liebe Müh und Not.

Oliver – Modedesigner, Journalist usw. mit dem Hang zur großen weiten Welt und ein paar kleinen Handicaps.

Spongo – flippiger Musiker, wird zweifelsfrei eines Tages mit den Roaring Eagles die Welt erobern. Bis es soweit ist, macht er bei uns mit.

Wolle – reich und dämlich, mit großem Loft.

Thorsten – Arzt, Freizeitmensch, und meist sehr cool; wenn nicht cool, dann ungeheuer hot, ein Mann für gewisse Fälle – sie dürfen nur nicht allzu kompliziert sein.

Judith – Ärztin, Ex von Thorsten, geht schon mal über Leichen, meist über männliche, unser MännerMordendesMonster.

Paula – Schwester und seit ewigen Zeiten in Thorsten verliebt.

Adressiert selbst am Op-Tisch amouröse Avancen.

Angie – arbeitet auch im Krankenhaus als diplomierte Krankendingsbums. Eine Lichtgestalt in der Beziehungshölle – jedenfalls solange man nicht mit ihr zusammen ist.

Rüdiger – alter Quartalssäufer mit noch älteren Plänen, einmal das ganz große Geld zu machen.

Doris – auch alt und genannt: das Ohr. Wird von allen mit ihren Problemen zugetextet. Ist wegen eines Hörsturzes momentan auf (sogar von der Krankenkasse bezahlter) Kur, spätere Verrentung nicht ausgeschlossen. Macht in dieser Staffel eine Hörpause.

Ralf – Regisseur, spielt außerdem Dr. Malle, unseren Bösewicht, den JR für Arme. Hält sein bösartiges Grinsen für großartig, alle anderen nur für dämlich. Aber, psst, nicht weitersagen, sonst merkt's noch einer.

Kevin – Drehbuch-Autor, hält alle Fäden in der Hand, weshalb es einfach besser ist, nicht an einem dieser Fäden zu hängen.

Ich – was-weiß-Ich

und noch jede Menge anderer Zicken, die für Zoff sorgen.

Ach ja, ich vergaß noch zu erwähnen, dass wir mit unseren Drehbüchern so unsere Eigenarten haben. Über jeder Szene steht etwa **INT,** das bedeutet, dass die Szene intern spielt, also drinnen. **EXT,** heißt umgekehrt einfach extern, sie spielt also draußen. Danach folgt dann die Räumlichkeit und zuletzt die Zeitangabe.
So sieht das in einem Drehbuch nunmal aus.

Aber jetzt kann's endlich losgehen. Dann schauen wir ihn uns mal an, den ersten Drehtag dieser Staffel.

1. Drehtag

Oliver und Spongo sitzen an einem Cafetisch. Oliver rührt lustlos in seinem Latte Macchiato, Spongo gießt sich einen Pink Phantom (Cocktail) hinter die Binde.

Oliver
Mensch, ist das alles deprimierend.

Spongo
Was?

Oliver
Naja, alles. Das Geschäft läuft, ich habe keine Probleme mit der Liebe, weil ich im Moment gar keine Liebe habe …

Spongo
Siehst du, das ist dein Problem. Ich war noch vor kurzem mit zwei Frauen liiert. Armonia und Breakie. Das war echt cool. Entweder hatten sie untereinander Krach, dann wollten sie unbedingt mit mir ins Bett, möglichst zur gleichen Zeit, aber ja nicht miteinander. Oder der Krach war beendet, dann lagen sie mir in den Ohren wie blöde sich Männer doch beim Sex anstellen. Dann ist Breakie mit einer anderen ins Bett, und ich musste Armonia trösten oder umgekehrt. Dann ist die eine nur mit mir ins Bett, um sich an der anderen zu rächen oder umgekehrt und so weiter. Da hast du gar keine Zeit mehr für Probleme.

Oliver
Ja, Liebe fehlt mir einfach. Im Moment macht sich nur einfach meine Depression breit. Liegt in der Familie.

Markus kommt herein, bestellt sich im Vorbeigehen ein Bier und fläzt sich zu seinen Freunden Oliver und Spongo.

Markus
Na? Was geht?

Spongo
Und bei dir?

Markus
Ach, auch so.

Markus bekommt sein Bier gebracht, nimmt einen tiefen Schluck und starrt deprimiert vor sich hin.

Spongo
Mensch Alter, hast du ein Problem. Mir kannst du es ruhig sagen. Du weißt, ich bin immer für dich da.

Markus stöhnt nachdenklich in sich hinein. Damit hat er jetzt auch die Aufmerksamkeit von Oliver gewonnen, der sich interessiert nach vorne beugt.

Oliver
Was ist los? Spuck's aus.

Markus (kneift die Lippen zusammen)
Mir wurde gekündigt.

Oliver lehnt sich enttäuscht zurück.

Spongo (gedehnt)
Das ist ja echt Scheiße, Mann. Manchmal wünschte ich mir, ich hätte auch mal so einen festen Job, nur um zu sehen wie das ist, wenn einem gekündigt wird.

Markus
Ich muss es Jenny sagen. Ihr wisst, wie sie ist.

Spongo
Ja, Frauen machen alles ein bisschen komplizierter.

Oliver
Aber ein bisschen kompliziert ist manchmal ganz gut.

Spongo und Markus sehen Oliver erstaunt an.

INT, Jennys Wohnung – tags

Jenny schreibt etwas auf einen Zettel, starrt dabei aber immer wieder gedankenverloren vor sich hin. Plötzlich schnarrt die Wohnungsklingel. Jenny läuft zur Wohnungstür und öffnet. Draußen steht Kathy, gutgelaunt. Jenny geht wieder zu ihrem Tisch mit dem Zettel, scheint sich aber über Kathys Besuch nicht sonderlich zu freuen. Davon merkt Kathy aber nichts, geht hinter Jenny her, ebenfalls zum Tisch und feuert ihre Tasche darauf, genau auf den Zettel. Jenny schiebt die Tasche vom Zettel herunter.

Kathy (lächelt)
Iss was? Also, der Tom war ja auch sowas von überrascht. ‚Ein Kind‘, hat der gerufen. ‚Nein, sowas. Ein Kind!‘

Jenny bekommt jetzt einen ganz entschlossenen Geichtsausdruck. Sie dreht sich zu Kathy um und stemmt die Fäuste in die Hüften.

Jenny
Könntest du es vielleicht unterlassen, überall rumzuerzählen, dass ich ein Kind bekomme.

Kathy
Aber das ist doch eine freudige Nachricht.

Jenny
Ich hab's selber noch gar nicht so richtig kapiert, und du musst es schon überall rumratschen. Nie kannst du deinen Sabbel halten.

Kathy guckt etwas bedröbbelt aus der Wäsche. Sie legt Jenny die Hand auf die Schulter.

Kathy (reumütig)
Aber ich dachte – das ist doch was Schönes … Ich weiß, damals warst du ja zu Recht sauer … als ich das mit dem nässenden Vaginalpilz … (wieder munter) Aber das hier ist doch toll.

Jenny
Ist ja schon gut. Aber ich muss es doch erstmal Markus erzählen.

Kathy (lacht)
Der Vater erfährt es doch immer zuletzt.

Jenny schaut Kathy zurechtweisend an. Kathy überlegt.

Kathy
Hast du denn Ole erzählt, dass ich mit Sven essen war.

Jenny (abwesend)
Habe ich vergessen.

Kathy
Dabei habe ich dich so drum gebeten. Das hätte den vielleicht gewurmt. Wo der Sven doch sein Erzfeind ist.

Jenny (immer noch abwesend)
Warum legst du denn soviel Wert auf die Wut von dem Trottel?

Kathy
Weil der Trottel im Moment zufällig mein Freund ist. Ich finde Trottel als Freunde zwischendurch mal ganz erfrischend. Aber beim nächstenmal steckst du es ihm. So nebenbei. Versprochen?

Jenny (lächelt abwesend)
Versprochen. Aber wie bringe ich das bloß Markus bei?

Kathy (fröhlich)
Was?

Jenny
Na, das mit dem Kind.

Kathy
Ach so?

Kathy steckt nachdenklich den Finger in den Mund.

Kathy
Weißt du was? Lass uns einfach mal einen kleinen Einkaufsbummel machen.

Jenny (eher lustlos)
Okay.

INT, Krankenhaus, Op-Saal – tags

Thorsten operiert. Auch das übrige Personal ist angespannt.

Thorsten (gepresste Stimme)
Tupfer, verflucht, wo bleiben die Tupfer.

Schwester 1 (reicht ihm Tupfer hinüber)
Tupfer.

Thorsten (sauer)
Was soll ich mit dem einen. Das ist ein Notfall. Die Bauchhöhle der jungen Lady ist eine einzige Blutbadewanne.

Schwester 1 (reicht ihm Tupfer hinüber)
Mehr Tupfer!

Thorsten
Wenn ich nicht bald rauskriege, wo das ganze Blut herkommt, ist

diese Op beendet.

Schwester 1 (reicht ihm Tupfer hinüber)
Mehr Tupfer?

Thorsten
Nein! Nadel und Faden. Ich hab das Leck gefunden.

Thorsten näht vor sich hin und summt dabei das Lied ‚Needles and Pins'. Dann schneidet er mit einer Schere den Faden ab.

Thorsten
Tupfer

Schwester 1 (schnippisch)
Eben wolltest du keine Tupfer mehr.

Thorsten
Hääähhh?

Schwester 1
Ich habe dir Tupfer angeboten, aber du wolltest keine mehr. Wie gestern abend mit den Spaghetti. Manchmal weiß der Herr einfach nicht, was er will.

Thorstens Augen blitzen über der Op-Maske Schwester 1 ein. Schwester 1 ist Paula.

Thorsten
Vielleicht lag das ja daran, dass deine Spaghetti genauso schmecken wie diese Tupfer hier.

Schwester 1 = Paula (gekränkt)
Das hättest du ja gleich sagen können. Und dabei habe ich mir solche Mühe gegeben. Ich nehme an, du willst jetzt keine Tupfer mehr.

Paula schmeißt die Tupfer empört auf die Op-Patientin, die leicht zusammenzuckt. Paula reißt sich die Op-Maske herunter, dreht sich um und läuft weinend davon. Thorsten zieht sich nachdenklich die Op-Maske nach unten und schaut ihr betroffen hinterher.

INT, Wohnung von Jenny – tags

Die Wohnungstür öffnet sich. Jenny kommt herein. Sie hat eine

Einkaufstüte dabei. Diese und ihre Handtasche stellt sie auf den Küchentisch. Sie seufzt, lässt sich auf einen Stuhl plumpsen und schaut gedankenverloren ins Leere. Die Wohnungstür öffnet sich erneut und Markus kommt herein. Er geht zu Jenny und drückt ihr einen Kuss auf den Mund. Mit Schwung schmeißt er seine Aktentasche auf den Tisch, die voll auf Jennys Einkaufstüte landet. Jenny ist gerade mit dem Mundabwischen fertig.

Jenny
Spinnst du, da sind 20 Eier drin für die Mousse au Chocolat.

Markus (tätschelt ihr die Wange)
Aber Schätzchen, die hättest du doch sowieso zerschlagen müssen. Die halbe Arbeit habe ich dir also schon abgenommen.

Jenny
Du blöder Arsch. Außerdem sollst du mich nicht auf den Mund küssen. Die Wange reicht.

Ralf (Regisseur, im off, brüllt)
Was soll denn diese Scheiße. Davon steht doch nichts im Skript. Jenny, du hast erfahren, dass du schwanger bist; du freust dich wie eine Schneekönigin. Und Markus kommt gerade von seinem Chef und hat erfahren, dass er fristlos entlassen wurde.

Ralf (Regisseur, im off, brüllt noch lauter)
Und verdammt nochmal, ihr liebt euch.

Jenny und Markus schauen kurz nach oben und zeigen beide synchron den Stinkefinger. Dann werfen sie sich nochmal einen hasserfüllten Blick zu. Markus kramt seine Tasche aus der zermatschten Einkaufstüte und wirft dabei einen Blick hinein.

Markus
Iiihhh, da sind ja tatsächlich zermatschte Eier drin.

Jenny
Die kannst du gleich noch ganz woanders haben.

Ralf (brüllt)
Eeehhh

Markus geht wieder zur Tür hinaus. Jenny sitzt auf dem Stuhl und schaut gedankenverloren ins Leere.

Ralf (brüllt)
Bitte

Markus kommt zur Tür herein. Er bleibt kurz stehen und betrachtet mit traurigem Blick Jenny, die ihm den Rücken zukehrt. Dann setzt er sich zögernd in Bewegung, legt Jenny einen Arm um die Schultern und küsst sie zärtlich auf die Wange. Die Tasche stellt er behutsam unter den Tisch.

Markus
Und? Wie war's bei dir?

Jenny steht langsam auf, legt beide Arme auf Markus Schultern und sieht ihm tief in die Augen. Zoom auf Jennys Gesicht. Langsam verwandeln sich ihre Lippen, ihre Nasenspitze und die Augen in das liebenswerteste Lächeln aller Zeiten. Sie will gerade etwas sagen, als sich Markus mit bedrücktem Gesicht abwendet und nach unten schaut.

Jenny (verwundert)
Ist was?

Markus (bedrückt, schaut Jenny von unten herauf an)
Nein, nichts. … Nur – ich bin entlassen worden.

Markus Gesicht im Knitterlook.

Großaufnahme von Jennys Gesicht. Grenzenloses Entsetzen.

INT, Krankenhaus, Flur – tags

Thorsten kommt den Krankenhausflur entlang. Der Mundschutz ist in die Stirn gezogen. An der Stelle, an welcher der Flur breiter wird, stehen Bänke und Stühle. Dort warten die Angehörigen des operierten Mädchens (Vater, Mutter und Tante) und stürmen auf Thorsten ein.

Mutter
Und wie ist es gelaufen?

Thorsten
Die ersten Anstiege waren brutal.

Vater
Mann!

Thorsten
Auch danach hatten wir noch stark welliges Terrain.

Vater
MannoMann!

Mutter (verwirrt)
Ja, aber was heißt das denn jetzt?

Thorsten
Ihre Tochter ist über dem Berg.

Jubel bei den Angehörigen. Thorsten hebt beschwichtigend und selbstzufrieden die Arme.

Tante
Wird sie denn wieder sehen können?

Thorsten (schaut verdutzt drein)
Sie hatte eine Bauchverletzung.

Tante
Also, wird sie wieder sehen können.

Mutter
Elfriede, red nicht solchen Blödsinn. (an Thorsten gewandt) Aber sie wird doch wieder gehen können?

Thorsten (konsterniert, überlegt kurz)
Ja, warum nicht?

Vater
Und steppen? Sie hat immer so schön gesteppt.

Thorsten wird es allmählich zuviel. Er verabschiedet sich winkend, wie ein Rockstar.

Tante (ruft ihm hinterher)
Und backen? Sie hat doch so einen leckeren Heidelbeerkuchen gemacht.

Thorsten winkt nochmal. Die Angehörigen winken zurück, bis er hinten im Flur im Schwesternzimmer verschwindet. Dort sitzt Angie, die ihr Gesicht mit ihren Händen bedeckt. Thorsten eilt zu ihr hin und legt ihr die Hand auf die Schulter.

Thorsten
Angie, um Gottes willen. Was ist los?

Angie hebt ihr tränenüberströmtes Gesicht, und presst es in Thorstens blutverschmierten Op-Kittel. Dann hebt sie kurz das Gesicht und schaut ihm direkt in die Augen.

Angie
Fridolin (sie schnieft), Fridolin ist tot.

Thorstens Gesicht (in Großaufnahme) ist von Bestürzung gezeichnet.

INT., Wohnung von Jenny – tags

Jenny sitzt am Tisch, Markus steht am Fenster und schaut hinaus. Dann geht Markus zum Kühlschrank und holt ein Bier heraus.

Markus
Möchtest du auch eins?

Jenny
Aber du weißt doch, dass ich keinen Alkohol vertrage. Und außerdem…

Markus (unterbricht sie zerstreut)
Ja, stimmt. Hatte ich im Moment ganz vergessen.

Jenny (murmelt)
Ausgerechnet jetzt?

Markus geht zu Jenny und legt ihr den Arm um die Schulter.

Markus
Was soll's. Wird schon irgendwie weitergehen.

Jenny
Vielleicht geht es aber gar nicht darum, dass es irgendwie weitergeht. Vielleicht solltest du endlich mal etwas Verantwortung übernehmen.

Markus (genervt)
Ach, dann sind wir ja wieder bei deinem Lieblingsthema. Markus, denk an deine Karriere! Markus, denk auch mal an uns! Markus, denk an meine Mutter! Denk an die Apostolische Kirche. Das Streifenhemd passt nicht zu den Ringelsöckchen. Markus, hast du die Goldfische schon gefüttert? Dabei haben wir gar keine Goldfische!

Markus knallt die Bierflasche auf den Tisch, dass das Bier nur so herausspritzt.

Markus
Wie satt ich das alles habe.

Jenny
Jetzt versinkt der Herr natürlich wieder in Selbstmitleid. Der arme Markus, dem schon die Klöderrassel aus der Wiege gestohlen wurde. Der nicht gelobt wurde, als er sein erstes Pferd geschossen hatte. Und mit dem Mama geschimpft hat, weil er den nagelneuen Fernseher nicht wieder zusammenbauen konnte.

Markus
So siehst du das also?

Jenny
Ja, so sehe ich das!

Markus steht auf und sieht Jenny fest an.

Markus
Du weißt, was das für Konsequenzen hat?

Jennys verbittertes Gesicht in Großaufnahme

Abspann
Kommt Angie über den Tod von Fridolin hinweg? Wer ist Fridolin eigentlich? Und von welchen Konsequenzen spricht Markus?

Après-Dreh
Nach dem Dreh geht es in der Kantine natürlich noch etwas rund. Kevin sitzt wie immer da und schmiert an neuen Folgen herum. Er ist unser Chef-Skripteur, also der oberste Drehbuchaffe. Er sitzt nur deswegen gerne in der Kantine, weil er das „Kevin, könntest du mich nicht ..." so gerne hört.

Jenny ist richtig sauer, weil Markus mit Angie ins Kino gegangen ist. Markus und Jenny sind nämlich auch im wirklichen Leben ein Paar – oder waren es zumindest.

Apropos wirkliches Leben. Da heißen unsere Stars und Sternchen zwar alle anders. Da gibt es den Künstlernamen, den Geburtsnamen, einige waren mal kurz verheiratet; kurzum manche haben drei bis vier Namen. Aber damit ihr nicht so durcheinander kommt, nenne ich sie hier weiter so, wie sie im Dreh heißen. Die Schauspieler, wenn man sie mal so nennen will (sie selber legen natürlich größten Wert darauf), nennen sich übrigens ebenso bei ihren Rollennamen. Denn fast den ganzen Tag wird gedreht, und da lohnt sich zum Schluss, in der Kantine, keine Namensumstellung mehr. Sie würden sonst selber auch nur durcheinanderkommen.

Also, Markus scheint jedenfalls langsam von Jenny die Schnauze voll zu haben. Sie ist nunmal extrem eifersüchtig. Daher ist Angie für Jenny ein rotes Tuch. Kaum hatte Angie die Kantine betreten geht es auch schon los.

„Lern du doch erstmal richtig heulen." Jenny äfft sie nach. „'Fridolin ist tot! Oh, mein Fridolin.' Bevor wir hier mitmachen durften, haben wir alle erstmal sechs Wochen lang die Wein-Akademie absolvieren müssen. Von der Glitzerträne bis zum Sturzbach – alles drin. ‚Fridolin ist tot'. Mann, als wäre gerade dein Hamster gestorben." Jenny knallt die flache Hand vor Angie auf den Tisch und geht rüber zu Markus.

Kevin, unser Drehbuchfuzzi, klopft sich unterdessen mit dem Kuli auf seine untere Zahnreihe.

„Hamster? Hamster?"

„Das ist doch eine Unverschämtheit von dir", ist Jenny wieder zu hören, die sich jetzt Markus vorknöpft. „Oder findest du das etwa nicht, Thorsten?"

„Bleib cool, Baby, bleib ganz cool", beschwichtigt Thorsten. „Wenn ich im Op-Saal so eine Hektik veranstalten würde wie du, dann käme da ja keiner mehr lebend raus."

„Da käme eh keiner mehr lebendig raus, wenn man dir ein echtes Skalpell in die Hand drückt. Dir würde ich noch nicht mal ein halbes Hähnchen zum tranchieren anvertrauen. He, Kevin, lass dem Thorsten doch mal einen richtigen Kunstfehler bauen, mit Gerichtsverfahren und so. Das bringt Dramatik."

Thorsten, der mehr auf seinem Stuhl lag als saß, richtet sich nun ganz schnell auf und brüllt zu Kevin rüber: „Wenn du das machst, spiele ich kein Squash mehr mit dir. Und gewinnen lasse ich dich dann schon gar nicht mehr."

Aber irgendwann reicht es jedem und wir trollen uns nach Hause.

Homo erectus et pedalus

Zu den Vorzügen der heutigen Zeit gehört die Existenz des Autos. Es erlaubt eine grenzenlose Mobilität. Wenn es mir in den Kopf kommt, einzusteigen und nach Italien zu fahren, dann kann ich das einfach machen (vorausgesetzt ich habe gerade frei und das nötige Kleingeld, um die horrenden Sprit- und Mautpreise bezahlen zu können). Nichts hindert mich daran meine Freiheit voll auszuleben – außer der Tatsache, dass andere Menschen auch ein Auto haben, und mir damit immer vor der Nase rumfahren.

Dies könnte zu manch aufgeheizter Verkehrssituation führen, wenn da nicht, ja, wenn da nicht die bessere Ehehälfte auf dem Beifahrersitz säße, die beschwichtigend und korrigierend eingreift. Auch als konjunktivisches Navigationsgerät ist die Ehefrau nicht zu unterschätzen. Sie sagt zwar nicht mit samtweicher Stimme: „In fünfzig Metern bitte links abbiegen." Sie agiert eher retrospektiv: „Hättest du nicht vor fünfzig Metern links abbiegen müssen?"

Nach mehreren Navigationshilfen solcher Art, ist meist der Einsatz der Klimaanlage gänzlich überflüssig. Das in dieser Atmosphäre vorherrschende Schweigen wird höchstens durch verkehrssicherheitstechnische Anmerkungen unterbrochen.

„Kannst du nicht etwas dichter auffahren?"

„Wie soll ich das denn machen? Dichter geht's doch nun wirklich nicht mehr."

„Eben! Könntest du vielleicht etwas mehr Abstand halten?" Caroline bekommt dann immer so einen übersachlichen Tonfall, der mich zur Weißglut bringt.

„Nein, kann ich nicht! Übrigens fahre nicht ich zu dicht auf, der Kerl fährt zu dicht vor mir her."

„Ach? Dann ist der also der Idiot?"

„Genau. Er könnte ja schneller fahren. Dann hätten wir auch mehr Abstand zu ihm."

Als nächste Stufe der kommunikativen Eskalation wird dann die Mutter zum Einsatz gebracht, die versucht ihrem störrischen Kind klarzumachen, dass es besser ist, erst die Strümpfe und dann die Schuhe anzuziehen statt umgekehrt. Das ist immer ein voller Erfolg.

„Dass du langsamer fährst, ist natürlich völlig ausgeschlossen."

„Ich bin schon so schnell gefahren als der da vor mir ausscherte. Seitdem klebt er mir vorn an der Stoßstange. Eine Frechheit ist das. Der soll gefälligst schneller fahren."

„Warum setzt du nicht die Lichthupe ein, um ihn auf seinen groben Fehler aufmerksam zu machen?"

Natürlich verfüge auch ich über ein gerüttelt Maß an Ironie.

„Mann, ich wusste doch, dass ich was vergessen habe."

Während ich wie ein Verrückter an der Lichthupe herumhebele, schicke ich ihr ein anerkennendes „Manchmal hast du wirklich richtig gute Ideen" rüber. Und füge dann ein „Komisch, er reagiert gar nicht" hinzu.

Ich komme zu dem einzig logischen Schluss: „Vermutlich ist er blind. Dann will ich mal testen, ob er außerdem auch noch taub ist." Gesagt, getan.

Doch statt munter vor sich hinzuköcheln, zieht Madame seelenruhig ihre Lippen nach, die sie im Spiegel an der Sonnenblende aufmerksam betrachtet. Als ich mit der Huperei fertig bin, schaue ich enttäuscht zu ihr hinüber.

„Der dämliche Vordermann scheint an keiner Kommunikation interessiert zu sein." Nun endlich schaut sie mich wieder kurz an, aber nur um sich dann wieder ausführlich irgendeinem Punkt auf ihrer Nase zu widmen, der offenbar nur zu sehen ist, wenn man diese entsprechend rümpft.

„Wenn's mit dem Vordermann nicht klappt, kannst du immer noch Kontakt mit dem Auto hinter dir aufnehmen. Winke ihnen einfach mal zu. Dein Freund und Helfer freut sich über jedes Zeichen der Zuwendung. Wo sie doch so oft in der Kritik stehen, von wegen brutal und so. Ich kann mich sogar des Eindrucks nicht erwehren, dass sie sich gerne mit dir unterhalten würden. Oder wie deutest du dieses blinkende Schild auf dem Autodach?"

Doch nicht nur andere Autofahrer (und Beifahrer) machen einem das Leben schwer. Auch die Autobahnmeisterei oder wer sonst für die Einrichtung von Baustellen und anderen Verkehrsflüssigkeits-Fördermaßnahmen verantwortlich ist, leisten ganze Arbeit.

Steht diesen Herren (und Frauen) von der Planungsstelle gerade keine Baustelle zur Verfügung, greifen sie gerne auf die nicht unbescheidenen Mittel der automatischen Verkehrsführung zurück. Bei dichter werdenden Verkehr leuchtet auf den großen Tafeln über der Autobahn zunächst noch ganz harmlos die ‚120' auf. Das wiederholt sich ein oder zweimal. Aber dann geht es in kurzer Reihenfolge zur Sache: 100, 80, 60. Bis dann endlich das nächste elektronische Schild freudig erregt ‚Stau' blinkt.

Die kreative Gestaltung von Baustellen bedarf sicherlich einer eingehenden Planung. Vor kurzem wurde mir ein Tonband-Protokoll einer solchen Besprechung zugespielt. Meiner Quelle habe ich absolute Vertraulichkeit zusichern müssen. Hier die leicht gekürzte Fassung einer Abschrift.

Anton: „Hier können wir die Autobahn auf zehn Kilometer aufreißen." Er deutet mit dem Finger auf eine Landkarte.

Bernd: „Aber das Teilstück hatte doch erst für zwölf Jahre eine Baustelle."

Christoph: „Dann haben sich die Leute ja daran gewöhnt."

Bernd: „Aber die Autobahn ist da doch noch völlig in Ordnung."

Anton: „Dann sagen wir halt, dass da Kanalarbeiten durchgeführt werden müssen."

Bernd: „Unter der Autobahn?"

Christoph: „Es stehen 13 Arbeitsplätze bei meinem Schwager auf dem Spiel."

Bernd. „Aber was das wieder kostet?"

Anton: „Das holen wir locker wieder rein."

Christoph: „Kein Problem: Wir machen wieder Frust auf Raten?"

Anton: „Genau. Erst neun Kilometer Baustelle ..."

Christoph: „zwischendurch ein bisschen Freiheit schnuppern lassen ..."

Anton: „und dann geben wir ihnen den Rest."

Christoph: „Die Langbaustelle wird schön eng gemacht, so dass dort Unfälle passieren müssen."

Anton: „Passiert kein Unfall und es bleibt auch kein LKW liegen, richten wir eine Tagesbaustelle ein."

Bernd: „Tagesbaustelle? Wozu?"

Anton: „Weil wir dann eine Verengung von ursprünglich drei Spuren auf eine Spur haben."

Christoph: „Das gibt einen schönen Stau."

Anton und Christoph legen ein Grinsen mit hoher Viskosität an den Tag.

Anton: „Am Ende der Baustelle dann endlich: Freie Fahrt."

Christoph: „Das ist, wie wenn die Pferde im Frühjahr zum ersten Mal auf die Koppel dürfen."

Christoph ringt nach Luft.

Anton: „Aber der Auslauf ist nach zwei Kilometern wieder vorbei."

Christoph: „Jooohuppp. Nächste Baustelle."

Anton und Christoph prusten los und schlagen sich vor Begeisterung auf die Schenkel.

Bernd: „Aber dann drehen die Autofahrer doch durch?"

Anton und Christoph nicken Bernd zu und können sich dabei kaum halten vor Lachen.

„Genau", schreit es aus beiden gleichzeitig heraus und sie umarmen sich. Nachdem sie sich wieder einigermaßen im Griff haben, erzählt Anton weiter.

„Jetzt ist der Durchschnittsautofahrer kurz vorm Explodieren. Dann endlich ist die Baustelle zu Ende. Bleifuß, dass der Asphalt nur so spritzt."

Christoph: „Aber nach nur einem knappen Kilometer taucht das Schild „80" auf – völlig ohne Grund."

„Wir können ja wieder ,Fehlende Fahrbahnmarkierungen' dranschreiben", grinst Anton diabolisch.

„Oder eingeschränktes Lichtraumprofil", gluckst Christoph in sich hinein.

„Und dann", intonieren Anton und Christoph im Chor, legen sich die Arme über die Schultern und machen ein paar unschuldige Sirthaki-Schritte, „Tadamm, Tadadadamm, Tadamm, Tadadadadadamm, Tadamm, Tadadadadadamm, Tadamm. Und dann, Tadamm, steht da unser Blitzer, Tadadadadadamm, Tadamm."

„Eine todsichere Sache", erklärt Anton dem verblüfftem Bernd, während er die Melodie langsam ausklingen lässt. „Und überaus lukrativ."

Bernd nickt verständnisvoll, steht auf und geht erstmal in die Kantine einen Tee trinken.

Mann und Frau haben nicht nur gänzlich unterschiedliche Raumwahrnehmungen, sondern ebenso ein völlig anderes Empfinden für die gerade gefahrene Geschwindigkeit. Caroline und ich haben uns da natürlich mittlerweile geeinigt. Je nach Fahrsituation sollte ich nicht schneller als 120 bis, sagen wir mal 180 oder 190 fahren, nur bei ganz übersichtlicher Strecke vielleicht mal 200 – aber nur ganz kurz. Gegebenenfalls muss nachverhandelt werden.

Aber früher war das mal anders. Ich kann mich an Zeiten erinnern, in denen ich sogar absichtlich schnell gefahren bin, aus purem Trotz gegen das „nun fahr doch nicht so schnell". Aus jener Zeit stammt folgende Episode.

Ich genoss gerade die rasante Fahrt über die Autobahn und bedauerte, dass das Bodenblech dem Gaspedal so drastisch Einhalt gebot, als der längs fällige Satz von Caroline gesprochen wurde.

„Musst du so schnell fahren?"

„Ich muss nicht, aber es macht mir Spass."

„Dann achte wenigstens mal auf die Geschwindigkeitsbegrenzung."

„Welche Geschwindigkeitsbegrenzung?"

„Das sind die schwarzen Zahlen, die auf den runden weißen Schildern mit dem roten Rand stehen."

„Was steht denn da?"

Irgendwo am Horizont tauchte wieder so ein Schild auf. Ich holte alles aus dem Wagen raus, was drin lag. So dick konnte das Bodenblech nun auch wieder nicht sein.

Als wir an dem Schild vorbeiflogen, drehte Caroline blitzschnell ihren Kopf nach rechts. Ich vernahm ein leises Seufzen ihrer Halswirbel.

„Und?", fragte ich. „Was stand drauf?"

„Das konnte ich nicht lesen." Ich ahnte mehr was sie sagte, weil die Sprache beim Sprechen durch einen geschlossenen Mund erheblich an Artikulation einbüßt.

Zufrieden sagte ich: „Siehste."

„EBEN NICHT."

Ich philosophierte so vor mich hin: „Die Schilder sind einfach zu klein. Ist man weiter weg, kann man sie nicht lesen. Kommt man näher ran, sind sie schon vorbei." Ich konnte mir ein zufriedenes Grinsen nicht verkneifen.

„Wenn du langsamer fahren würdest, könntest du die Schilder lesen." Die Silben purzelten wie Eiswürfel aus dem Automaten.

„Warum soll ich langsamer fahren. Für mich existiert hier keine Geschwindigkeistbegrenzung", gab ich fröhlich zurück.

Meine Fröhlichkeit nahm jedoch ein abruptes Ende als ein Blitz den ansonsten heiteren Himmel durchzog – oder vielmehr die Autobahnspur, auf der ich gerade fuhr.

„Ein Blitzer", murmelte ich. „Den habe ich nicht gesehen."

„Dann war er auch gar nicht da", erklärte Caroline.

Doch sogleich fand ich meine gute Laune wieder.

„Die blitzen ins Leere. Ich bin zu schnell. Geschwindigkeit ist eben doch Hexerei."

Nach einer Weile füge ich hinzu: „Wie heißt es doch: Der schnelle Wurm entkommt dem Vogel."

Aber auch jetzt musste Caroline mich korrigieren: „Nein, es heißt: Der dämlichste Wurm findet die dicksten Hühner. Da vorne steht dein Huhn. Es hat eine rot-weiße Kelle in der Hand. Kannst du sie erkennen? Sieht man doch ganz gut. Selbst aus großer Entfernung und mit leicht erhöhter Geschwindigkeit."

Es ist eigentlich kein Wunder, dass wir Männer beim Autofahren öfters den Kürzeren ziehen, weil das Auto unsere große Schwäche ist. Wie heißt es so schön, wenn die Zweisamkeit durch zu viele gemeinsame Fahrten in einer Sackgasse gelandet ist? Du kriegst die Wohnung, ich nehme das Auto. Für den Mann meistens ein Verlustgeschäft, das er aber gar nicht realisiert; und das nicht nur, weil er denkt, mit einem Dosenöffner sei die Kücheneinrichtung (der neuen Wohnung) bereits komplett. Vielmehr ist das Auto für den Mann der Inbegriff der Freiheit.

Solange das Auto vor der Haustür steht, ist er in der Lage die engsten Bindungen einzugehen. Doch das Pferd mit vier Rädern ist nicht nur Fluchtauto, sondern gleichzeitig Statussymbol. Eine durchsetzungsfähige Stoßstange, ein cooler Kühlergrill und eine sportliche Federung lassen das Doppelkinn, den lichter werdenden Haarschopf und die arthritischen Gelenke vergessen.

Bereits im Mittelalter fand das männliche Geschlecht eine glitzernde Blechverkleidung mit Pferdestärken darunter außerordentlich kleidsam. Für das Verhalten auf Autobahnen muss sicherlich noch weiter in die Historie zurückgegriffen werden, nicht wenige bemühen die Frühgeschichte von Homo sapiens. So sehen viele das Auto als Machtinstrument, als präneolithischen Waffenersatz an. Da fällt jedem als erstes eine Keule ein.

Meint denn nicht der dicht auffahrende Homo brutalus, sein Auto ist einfach schöner, stärker und potenter als dieses Hindernis auf vier Rädern vor ihm. Statt direkt das Schlaginstrument zu schwingen, gibt er ihm mit der Lichthupe saures und bezeigt damit diesem Versager, er soll sich so rasch wie möglich mit seiner Kümmerkeule auf die rechte Fahrspur trollen, die Fahrspur für Verlierer, wo er schließlich hingehöre.

Und wenn dann dieser soziale Underdog endlich das Tor zur Freiheit nicht mehr blockiert, gibt unser Neanderraser richtig Gas. Mit starrem Blick und stolzgeschwellter Brust braust er vorbei. Und niemand vermag zu sagen, ob dabei seine Brust der einzige geschwollene Körperteil ist.

Fazit: Ein Auto ist ein wunderbares Ding. Nur sollte man unbedingt Ehe und Autofahren streng auseinander halten und auf dem Neandertaler in uns ein nettes Beet anlegen, mit freundlichen kleinen Blumen drauf: vielleicht Gänseblümchen, oder Löwenzahn mit Pusteblume, und hinten ein paar Veilchen.

2. Drehtag

INT, Jennys Wohnung – tags

Jenny lehnt an der Küchentheke und trinkt nach jedem Satz einen winzigen Schluck Kaffee.

Jenny
Konsequenzen? Hah, weißt du überhaupt was das Wort bedeutet?

Markus nuckelt an seinem Bier herum.

Markus
Natürlich weiß ich was Konsequenzen sind. Wenn ich die Konsequenzen aus einer Beziehung ziehe, die nicht funktioniert, muss ich eben gehen.

Jenny (giftig)
Aber nicht gleich mit einer anderen Frau ins Bett.

Markus
Kino! Wir waren nur im Kino.

Ralf (der Regisseur, im off, brüllt)
Halt!!! ,Dann geh doch!' Verflucht nochmal, ,Dann geh doch!'

Jenny und Markus schauen mit Fragezeichen in Augen nach oben.

Jenny + Markus
Wohin denn?

Ralf (der Regisseur, im off, leise und verzweifelt)
Mein Gott. Das ist der Text von Jenny. ,Dann geh doch', sagt sie zu Markus.

Markus
Du sollst zu mir ,Dann geh doch' sagen.

Markus grinst, Jenny schaut bitterböse.

Jenny
Dann geh doch!

Markus stellt seine Flasche Bier hin und geht zu einem trendigen

Kleiderständer, an dem seine noch trendigere Jacke hängt. Diese wirft er lässig über die Schulter. Mit arrogant herabhängenden Mundwinkel spricht er zu Jenny.

Markus
Du wirst es nicht glauben, aber ich gehe tatsächlich.

Jenny (mit Tränen zwischen Wut und Verzweiflung in den Augen)
Dann geh doch. Was sollte dich schon halten.

Markus
Das wüsste ich auch nicht. Uns verbindet doch eh nichts mehr, oder?

Markus geht zur Tür, öffnet sie und geht. Mit einem lauten Rumms fällt die Tür endgültig ins Schloss.

Ralf (Regisseur, im off, genervt)
Kevin, warum steht bei der Regieanweisung ‚fällt endgültig ins Schloss‘. Wie soll ich das denn darstellen?

Kevin (Drehbuchautor, im off, mit Banane im Mund)
Weiß ich auch nicht. Aber es klingt so schön dramatisch.

Ralf (Regisseur, im off, brüllt)
Arschloch! Jenny, dein Schlusssatz.

Jennys Gesicht in Großaufnahme. Eine Wüste der Verlassenheit.

Jenny (blickt in den leeren Raum hinein)
Nichts, Markus! Nichts verbindet uns mehr!

Ralf (Regisseur, im off, völlig genervt)
‚Wüste der Verlassenheit‘. Warte nur bis ich dich zu fassen kriege, Kevin.

Jenny (stinkig)
Wer hat mir diesen ekligen Tomatensaft in meinen Kaffeebecher getan. Ich habe verdünnten Johannisbeersaft verlangt.

EXT, Einkaufspassage – tags

Oliver schlendert durch eine Einkaufspassage. Mit missmutigem Gesicht bleibt er manchmal vor einem Schaufenster stehen, geht dann aber unzufrieden weiter. Endlich reicht es ihm, er zückt sein

Handy, wählt eine Nummer und hält sich das Handy ans Ohr. Dabei läuft er weiter durch die Einkaufspassage

Oliver
Hallo, Judith? Hier ist Oliver. ... Ooch, ich latsche gerade durch die Otto-Passage und zähle meine Depresso-Schäfchen. ... Was? Du auch?

Oliver geht mit nach unten gebeugten Kopf. Plötzlich läuft ihm seitlich eine Frau rein. Es ist Judith, die gerade mit ihm telefoniert und ebenfalls mit gesenktem Kopf durch die Gegend gelaufen ist. Beide stürzen hin und wälzen sich am Boden.

Oliver
Können Sie denn nicht aufpassen. (in das Handy) Entschuldige, Judith, aber hier ist gerade so eine dumme Schlampe in mich reingerannt.

Oliver rappelt sich hoch, ohne die leibhaftige Judith zu erkennen. Er spricht weiter in sein Handy

Oliver
Kleinen Moment. Ich muss hier mal eben was klarstellen.

Oliver wendet sich jetzt direkt an Judith, die sich gerade aufrappelt, dabei aber ihren Kopf gesenkt hält, das Handy ebenfalls noch am Ohr, das Gesicht aber durch ihre schönen langen Haare verdeckt.

Oliver
Sie blinde Sumpfohreule, reißen Sie doch mal ihre verklebten Glupschen auf, bevor Sie sich in die Zivilisation trauen.

Nun hebt Judith ihren Kopf und Oliver erkennt sie. Unsicher fragt er ins Handy.

Oliver
Judith?

Judith antwortet – ebenfalls ins Handy.

Judith
Yeah, It's me.

Judith legt dabei einen strengen Gesichtsausdruck an den Tag.

Oliver glotzt sie ungläubig an.

Oliver (nochmals ins Handy, unsicher)
Judith?

INT, Krankenhaus, Schwesternzimmer – tags

Thorsten, der Zauberchirurg, hat seinen Arm um Angies Schultern gelegt, eine Geste, die durchaus zu Missverständnissen Anlass geben könnte. Zumal Angie eine blonde Krankendingsbums mit einer Traumfigur ist. Mit dicken Chirurgenfingern wischt Thorsten Angie die noch dickeren Tränen aus dem Gesicht.

Thorsten (einfühlsam)
Hat Fridolin dir soviel bedeutet.

Angie
Er hatte immer ein offenes Ohr für meine Nöte. Er war einfühlsam und zärtlich. Und (sie hebt den Blick und schaut direkt in Thorstens blaue Augen) er hatte so ein schönes Fell.

Thorsten ist ein wenig ratlos

Thorsten
Bist du denn sicher, dass er tot ist?

Angie
Naja, er lag so ausgestreckt und starr im Käfig. Spätestens nachdem ich ihn begraben habe, ist er schätzungsweise nicht mehr am Leben.

Thorsten ist konsterniert und versucht die peinliche Situation zu retten.

Thorsten
Glaubst du denn nicht, dass er zu ersetzen ist?

Endlich beruhigt sich Angie ein wenig, und lächelt sogar wieder.

Angie
Doch! In Lucifers Luderzoo haben sie im Moment sogar Goldhamster im Angebot – für 3 Euro 33.

Thorsten
Dann lass uns dahin gehen. Im Moment steht gerade keine dringende Op mehr an. (Er schaut auf seinen Op-Plan) Der akute Herzstillstand kann warten.

Angie
Würdest du das für mich machen?

Thorsten setzt sein gewinnenstes Lächeln auf. Das Lächeln nach dem Gewinn des Superpokals.

Thorsten
Aber natürlich, für dich würde ich noch ganz andere Sachen machen.

Thorsten legt den Arm noch etwas fester um Angie, die zurücklächelt, felsenfest davon überzeugt, dass sie der Superpokal ist. Draußen vor der Tür, die nur einen Spalt weit geöffnet ist, steht Krankenschwester Paula. Aus schmalen Augen, die direkt in Dantes Hölle geschaut haben, fließen kleine feste kugelrunde Tränen, die sie sich verweifelt entschlossen mit Op-Tupfern aus den Augen wischt.

INT, helles Café – tags

Rüdiger und Markus sitzen zusammen an einem Tisch. Beide trinken ein Bier.

Markus
Jedenfalls ist jetzt endgültig Schluss.

Rüdiger
Endgültig? Das ist ein Wort, was meistens nach einer Fortsetzung verlangt. Wie oft habe ich schon gesagt ‚Jetzt ist aber endgültig Schluss‘.

Rüdiger hebt sein Bierglas, nickt dem Glas zu, dann Markus.

Markus
Aber das wird jetzt erstmal hart. Neue Wohnung suchen, und das ohne Job. Viel Erspartes habe ich auch nicht.

Markus trinkt von seinem Bier und sucht im Glas nach einer Lösung.

Rüdiger
Wenn du Geldprobleme hast, da hätte ich was für dich. Allerdings musst du schon ein bisschen risikobereit sein.

Markus (wenig interessiert)
Ist das wieder so eine von deinen Superideen? In fünf Minuten zum Millionär.

Rüdiger kaut einen Schluck Bier durch und spannt dann seine Lippen quer über die Zahnreihen.

Ralf (Regisseur, im off)
Rüdiger, du sollst deine Lippen, moment, ‚quer über die Zahnreihen spannen' und nicht rülpsen. Hat dem etwa jemand wieder richtiges Bier gegeben?

Rüdiger
Tschuldigung, aber was meint Kevin denn damit?

Ralf (Regisseur, im off, lauter)
Kevin, verdammt nochmal, was meinst du mit diesem Blödsinn?

Kevin (Drehbuchautor, im off, mit Müsliriegel im Mund)
Er soll einfach diese Trinker-Lippen-Feixerei machen. Ist doch egal. Ich habe übrigens gesehen, wie er sich ein richtiges Bier eingeschenkt hat.

Rüdiger (brüllt)
Kevin, du Drecksau. Ich kann auch erzählen, dass du …

Ralf (Regisseur, im off, brüllt)
Ruhe! Wenn hier einer brüllt, dann bin ich das. Rüdiger mach jetzt irgendwas mit den Lippen. Und kein Bier mehr. (brüllt noch lauter) Weiter im Text. Das ist hier keine Spielfilmproduktion.

Rüdiger stülpt die Lippen, reißt sie dann auseinander und schickt einen kleinen Rülpser hinterher. Er schaut Markus fest an.

Rüdiger
Turbozertifikate. Wenig einsetzen. Viel gewinnen. Durch Hebeleffekte.

Markus (schaut Rüdiger genervt an)
Ich weiß, man muss nur vorher wissen, wer gewinnt. Wie beim Pferderennen.

Markus trinkt einen weiteren Schluck Bier.

Rüdiger
Im Prinzip schon. Geschweige denn man hat eine gute Quelle.
(beugt sich leicht zu Markus rüber) Es ist auch ein Risiko, kein Risiko
einzugehen.

Jetzt schaut Markus Rüdiger schon interessierter an.

INT, Café – tags

Oliver und Judith sitzen an einem Cafetisch. Oliver trinkt einen
Iced Caramel Macchiato, Judith einen ordinären Latte. Oliver sieht
Judith ein wenig unsicher an.
Oliver
Einen Moment lang dachte ich, du wärst richtig böse.

Judith
Wer sagt dir, dass ich nicht böse bin.

Oliver
Nunja, eine Verwechslung. Ich konnte ja nicht ahnen, dass du das
warst, die mich umgerannt hat.

Judith (spitzt die Lippen)
Aber jetzt weiß ich wenigstens, wie du mit Leuten umspringst.
Angenehm ist das nicht.

Oliver (verlegen)
Ich war sauer. (macht Judith schöne Augen) Ich führe gerade so
ein schönes Telefongespräch mit einer superinteressanten Frau,
und da rennt diese blöde Kuh … (räuspert sich) Das musst du doch
verstehen.

Judith rührt im Cafe und setzt ein überlegenes Lächeln auf.

Judith
Verstehen kann man vieles …

Oliver
Wie kann ich das wieder gut machen. Ich habe gerade ein Depresso,
noch mehr Deprimierendes kann ich wirklich nicht gebrauchen.

Judith
Also, wenn ich ganz tief in mich gehe, könnte mir da vielleicht etwas einfallen.

INT, Café – tags

Thorsten und Angie sitzen an einem Cafetisch, Thorsten trinkt einen Arabian Mocha Java, Angie einen Drecksack. Vor Angie steht ein kleiner Karton, in den sie immer wieder mit entzücktem Gesicht hineingreift.

Angie
Das ist ja so lieb von dir, dass du ihn mit mir ausgesucht hast. Ich habe gleich gemerkt, du bist ein richtiger Hamster-Kenner.

Thorsten (skeptisch-desinteressiert)
Ach ja, man muss vor allem auf die Backen achten. Die sind beim Hamster ungemein wichtig, sonst überlebt er nicht lange. (räuspert sich) Entschuldige. Zumindest hat es mich von meinem stressigen Alltag etwas abgelenkt. Andauernd Herr über Leben und Tod sein. Das ist auf Dauer ganz schön anstrengend.

Er schielt heimlich rüber zu Angie. Die spielt mit ihrem Goldhamster.

Angie
Guck mal, er kann schon Purzelbaum. Toll, was?

Thorsten
Phantastisch. Erst vorhin konnte ich nur durch den konsequenten Verschluss der Baucharterie einer jungen Frau das Leben retten.

Angie
Die Leute heute sind einfach zu offen für alles. Guck mal, er frisst mir sogar aus der Hand. Das schätze ich so an Männern.

Thorsten
Und dann noch der Trennungsstress mit Judith. Manchmal wächst mir das einfach alles über den Kopf, da möchte ich mich auch mal zurücklehnen dürfen.

Angie schaut ihn kurz an und streicht ihm über die Haare. Thorsten schließt die Augen. Doch sie wendet sich gleich wieder ihrem Goldhamster zu.

Angie
Putzig, einfach putzig.

Thorsten lächelt zufrieden vor sich hin, die Augen immer noch geschlossen. Angie sieht resigniert-belustigt in den Raum hinein.

Angie (seufzt)
Ich glaube, ich muss ihn jetzt ins Bett bringen.

INT, Jennys Wohnung – tags

Jenny und Judith stehen in der Gegend herum und halten jede einen Becher Cafe in der Hand.

Jenny
… seitdem habe ich von Markus nichts mehr gehört. Und wie ist es mit dir und Thorsten?

Judith
Och, er darf jetzt wieder unter andere Röcke schielen, und mir steht die allgemeine Männerwelt wieder offen.

Jenny
Ich wünschte, ich könnte da auch so locker mit umgehen. Bist du wirklich nicht mehr sauer auf Thorsten.

Judith (kalt-lächend)
Natürlich habe ich da noch ein paar kleine Dolche im Ärmel. (entschlossen) Aber ich lass mir von so'nem Typen doch nicht das Leben versauen. (gutgelaunt wieder an Jenny gewandt) Wenn du einen saftigen Apfel entdeckst, beiß einfach hinein.

Es klingelt. Jenny geht zur Tür, vor der Wolle steht. Jenny ist nicht gerade aus den Socken vor Begeisterung.

Jenny
Ach, Wolle, du. Komm herein.

Wolle betritt unsicher die Wohnung, sieht die schöne, blondhaarige Judith und macht einen angedeuteten Diener.

Wolle
Hallo, ich stör doch wohl nicht?

Jenny
Darf ich vorstellen. Das ist Wolle, ein alter Freund. Und das ist Judith, eine alte Freundin.

Judith gibt Wolle die Hand und taxiert ihn dabei kurz.

Judith
Guten Tag! Jenny, das mit dem ‚alt' hättest du ruhig weglassen können.

Wolle ist beeindruckt von Judith. Aber er wendet sich Jenny zu.

Wolle
Habe das gehört, von Markus und dir. Das tut mir leid.

Jenny
Ist schon gut, war ja nicht deine Schuld.

Wolle guckt etwas verwirrt.

Wolle
Und das ausgerechnet jetzt.

Jenny
Was meinst du damit?

Wolle nickt in Richtung Jennys Bauch.

Jenny
Gibt es auch irgendjemand, der nichts davon weiß

Wolle
Markus! Ich glaube, der weiß es noch nicht.

Judith (grinst amüsiert)
Ich glaube, Jenny meint, ob es jemand außer Markus noch nicht weiß.

Wolle (unsicher)
Ich glaube nicht.

Es entsteht eine kleine Pause, in die Wolle übereifrig reinplatzt

Wolle
Ich wollt dich fragen, ob du mit mir ins Kino gehst, Jenny. Ich meine,

so als Ablenkung.

Jenny sieht Wolle und dann Judith fragend an.

Judith (noch amüsierter)
Denk an den Apfel, Jenny.

Jennys Blick pendelt zwischen Resignation und Entschlossenheit.

Jenny
Ja! Ja klar, Wolle. Warum nicht?

Abspann
Wie geht es weiter? Hegt Judith Rachepläne gegenüber Thorsten?
Bringt Angie nur ihren neuen Hamster ins Bett? Verzockt Markus
sein letztes Geld? Und gehen Jenny und Wolle nur ins Kino?

Après-Dreh
Nach dem Dreh geht es in der Kantine natürlich noch etwas rund.
Kevin sitzt an seinem Platz und kritzelte ein bisschen in der Gegend
herum, als Ralf hereinkommt und sich ihm gegenüber breit machte.
„Was glaubst du eigentlich, was das hier ist. Eine Heilanstalt
für verkannte literarische Genies? Oder ein Übungsfeld für über-
kandidelte Formulierungen?"
„Jetzt krieg dich mal wieder ein. Ich und mein Trupp, wir schreiben
Tag und Nacht, damit ihr überhaupt was zu drehen habt. Glaubst du,
das ist leicht, immer diese Gefühlspampe am Kochen zu halten, und
dann soll auch noch was halbwegs Gescheites dabei herauskommen.
Und zum Schluss immer den dämlichen Cliffhanger, damit euch
eure Zuschauer nicht von der Schippe springen."
Ich will hier nicht detailliert alles wiedergeben, was Kevin so vom
Stapel gelassen hat, aber Ralf lässt es – zuweilen murrend, dann
wieder knurrend – über sich ergehen. Die beiden hätten vermutlich
noch eine ganze Zeit lang so da gesessen und diverse Biere in ihren
Frust gekippt, wenn nicht Judith irgendwann die Kantine betreten
hätte, um mit Volldampf voraus Kurs auf Kevin zu nehmen und Ralf
damit aus dem Rennen zu kegeln, der sich auch sofort verdrückt.
„Kevin, ich habe dir gesagt, du könntest als nette Gegenleistung
meine Rolle auch mal etwas vergrößern. Aber ich habe dir nicht
gesagt, dass du aus mir das Serienmonster machen sollst. Warum
schreibst du nicht gleich neben jeden Text von mir ‚mit fiesem
Grinsen'?"
„Aber sieh mal Schätzchen ..."
„Und nenn mich nicht Schätzchen."

„Judith, mein Engel, gerade die Rollen der Bösewichte sind von den begabtesten Darstellern gespielt worden. Nimm nur mal Boris Karloff in Frankenstein, Christopher Lee oder … äh. Du weißt schon, was ich meine. Außerdem prägst du dich den Zuschauern so besser ein."

Judith schmollt und lässt den Kopf hängen. Ihre Stimme wird etwas weinerlich.

„Aber ich möchte auch mal sagen: ‚Du weißt, dass du immer auf mich zählen kannst' oder so lässig ‚Dafür sind Freunde doch da'." Judith hat nunmal ihre eigenen Vorstellungen von ihren Auftritten und deren Folgen. Erst neulich flüsterte Sie Kevin zu: „Und wenn ich dann mit erhobenen Kopf die Bühne verlasse, höre ich wie die Menschen draußen vor den Fernsehern mit ihren Papiertaschentüchern knistern."

Aber die Realität sieht nunmal anders aus. Deshalb sagt Kevin zu ihr: „Baby, lass uns das nachher in aller Ruhe noch mal besprechen."

Zwischen Markus und Jenny gibt es im Moment keinen Streit; sie sprechen gar nicht mehr miteinander. Thorsten kann auch nach Drehschluss nicht aufhören, Angie anzubaggern. Und als Ralf nach Hause geht, beugt er sich nochmal zu Kevin runter, der im Moment gerade allein dasitzt: „Und erspar mir diesen Mist mit der ‚wunderschönen Judith'. Ich will nicht auf dem Prompter lesen, mit wem du gerade poppst."

London – verkehrsherum – Nodnol

Sind die Engländer wirklich verrückt? Natürlich nicht. Wie hätten denn Verrückte ein Reich aufbauen können, in dem die Sonne nie untergeht. So etwas können nur kühl kalkulierende Rationalisten – mit einem guten Reiseführer in der Hand.

Die Maschine kippte nach links. Und da ist es: London. Es breitet sich aus, ein riesiges Häusermeer, ein gigantisches Labyrinth aus Straßen – und der kürzeste Weg in den Irrsinn. Während ich gerade meiner Armlehne den Nacken massiere, bemerke ich die Tower-Bridge, die aus dem Flugzeug aussieht aus wie ihr eigenes Modell. Ein bisschen Legoland, oder vielleicht aus Marzipan? Wie viele kleine Tower-Bridges mag es geben. Nachbauten des Originals, oder vielleicht doch Modelle, Vorbauten des Nachbaus ...

Als wir in Heathrow landen, sehe ich als erstes neben der Landebahn ein großes Transparent, auf dem steht: „Now, you fly away!" Da war man sich offenbar sehr sicher. Aber wir sind ja in England, überlege ich, also muss ich andersherum denken.

Schon aus der Luft wird einem deutlich vor Augen geführt, was man ohnehin wusste: die Engländer fahren immer noch auf der falschen Straßenseite. Eine Nation von Geisterfahrern, aber ansonsten Pfundskerle.

Dass in London die Sonne schien, war außerordentlich ärgerlich. Wofür hatte ich denn meinen Trenchcoat mitgebracht. Hier in London könnte ich ihn bestimmt einmal gebrauchen. Aber auf das Wetter in der Themse-Metropole ist bekanntlich kein Verlass.

George war der reinste Segen. Er ist Taxifahrer und hat ihrer Majestät früher in Deutschland gedient. Er gab Caroline und mir seine Mobilfunk-Nummer und so hatten wir immer einen zuverlässigen Fahrdienst inklusive Infos aus erster Hand. „Vergesst alles, was ihr über England gehört habt. Es ist anders."

„Und was ist mit Wales und Schottland?"

„Die sind ganz anders."

„Was steht als erstes an, George? Madame Tussaud oder auf den Spuren von Jack the Ripper?"

„Kauft euch eine Drei-Tage-Karte für das Busnetz, setzt euch oben in die erste Reihe und fahrt einfach mal ein bisschen hin und her."

Das war eine wirklich gute Idee. So lernt man London kennen.

Setzt man seine Expedition dann zu Fuß fort, muss man höllisch auf den englischen Verkehr achten. Wie gesagt, alles Geisterfahrer. Vermutlich sind bereits Generationen von London-Touristen vom englischen Verkehrsgeist überrollt worden. Damit wenigstens einige Touristen wieder zurück an das europäische Festland gelangen, hatte man beschlossen, überall in London auf die Straße „Look right" zu pinseln.

Der Imperativ ist gerechtfertigt, denn nur allzuleicht macht sich im Kopf des London-Touristen Verwirrung breit. Der aufmerksame Beobachter erkennt dies an dem verhuschten Doppel-Seitblicker.

Wenn ich jedenfalls beim Überqueren der Straße in eine Richtung schauen wollte, kam sofort die Mahnung aus meinem Hirn: „Achtung, falsche Seite, du bist in London", woraufhin ich ruckartig den Kopf zur anderen Seite drehte, die Straße überquerte und die Reifen quietschen hörte.

Das belehrte mich, dass bereits das mentale Programm lief mit dem Impuls zur falschen, also zur richtigen Seite zu gucken. Die schreckhafte Korrektur hatte also richtig-falsch fälschlicherweise als falsch-falsch erkannt. Betrachtet man die Korrektur als drittes Falsch, mußte als Resultat falsch herauskommen, weil sich die beiden anderen falsch zu einem richtig neutralisierten und ich somit bereits in die richtig-falsche Richtung guckte. Die Empfehlung aus der obersten Entscheidungszentrale hingegen lenkte den Blick auf die falsch-richtige Straßenseite. Sie wissen schon, was ich meine. Jedenfalls spielt der englische Verkehrsgeist da nicht mit. Und deshalb steht das mit dem Look und Right überall handgemalt auf dem Pflaster; es verleiht London eine besondere Fußnote.

Vielleicht hätte man außerdem noch überall auf den Gehweg die Warnung „Don't stop walking" schreiben sollen. Das wäre ganz sinnvoll, da sich hinter jedem stehengebliebenen Fußgänger sofort eine Schlange bildet. Merkt der eingeborene Londoner aber erstmal, dass nur ein Tourist die Orientierung verloren hat, wird er sofort hilfsbereit statt stinkig.

Nein, zum Buckingham Palast müsse man nicht nach links, sondern nach rechts gehen, käme schneller hin, wenn man den Trafalgar Square links liegen lasse, man sehe dann bald den Palast zur rechten auftauchen. Wenn man von hier nach rechts geht, komme man zwar auch hin, sieht ihn aber dann zur linken auftauchen, was den meisten Touristen aber nicht recht sei. Hat man sich dann artig bedankt und verabschiedet, und ist schon wieder ein paar Schritte gelaufen, ruft der liebenswürdige Londoner noch hinterher: „Und passen Sie auf, hier herrscht Linksverkehr, immer schön nach rechts gucken." Und gluckst in sich hinein.

Der Buckingham-Palace gefiel uns nicht sonderlich. Letztlich erschien er als Behausung für eine Familie, deren Mitglieder viel auf Reisen sind ein wenig zu geräumig. Aber schließlich ist er das erste Einfamilienhaus der Stadt. Und davon hat London jede Menge.

Wenn man durch die Londoner Vororte fährt, fallen vor allem die zahllosen Schornsteine auf. Jedes Haus, das etwas auf sich hält, hat mindestens sechs oder acht, wenn nicht sogar zwölf Rohre, die sich ihren Weg durch das Dach bahnen. Was dem Italiener seine röhrenden Auspuffrohre, sind dem Londoner offenbar seine qualmenden Schornsteine.

Aus der Nähe betrachtet ist der Tower richtig imposant, da verliert er seinen Marzipan-Look. Hier ahnt man, dass London tief im Mittelalter wurzelt. Ursprünglich war er eine richtige Burg an der Themse – das Zuhause der frühen englischen Könige. Später wurde er dann das Zuhause der politischen Gegner der englischen Könige, bis er endlich als normaler Kerker dem gemeinen Volk zugänglich gemacht wurde, und so möglicherweise als ein früher Spross demokratischer Entwicklung angesehen werden darf.

Madame Wachs wird als ein Muss für jeden London-Touri angesehen, was in die Gestaltung der Eintrittspreise lebhaften Eingang gefunden hat.

Georges Kommentar: „Wachs ist only good für Candle-Light-Dinner, but if you want to?"

Nun, das Ganze ist so wild, lebendig und aufregend wie es eben nur ein Wachsfigurenkabinett sein kann. Die ganzen Prominenten stehen da so rum wie auf einer Cocktail-Party, und man selber ist mittendrin, und wird von den anderen Schaulustigen durchgeschoben. Endlich einmal Prinz Charles und Boris Becker ganz nah sein, wenn auch nur in der eingefrorenen Version. Wem das was gibt, der kann hier richtig glücklich werden.

Hitler steht auch irgendwo rum und bildet den thematischen Übergang zur Kammer des Schreckens. Bei dieser handelt es sich gewissermaßen um eine Fortbildungsveranstaltung. Hier lernt der kleine Engländer und der große Tourist, auf wieviele Arten man Menschen um die Ecke bringen kann? Gewissermaßen eine kleine Enzyklopädie des Folterns und der Hinrichtungen. Die Engländer haben schon immer gewusst, dass man nur dann das Christentum und die Zivilisation in die Welt tragen kann, wenn man Zuhause den Stall sauber hält. Insofern ist es auch eine kleine Geschichte der abendländischen Kultur.

George schickte uns auch in die Londoner Unterwelt. „Watching the English at their deepest obsession", oder so etwas ähnliches murmelte er, als er vor einem Wettbüro hielt. Und tatsächlich verwandelt sich der harmlose, unterkühlte Engländer in einen Vulkan der Leidenschaften, wenn er in die Nähe eines Wettschalters gerät.

Der Geschäftssinn der Engländer ist eigentlich direkt auf ihre Leidenschaft für verrückte Wetten zurückzuführen. „Wetten, dass die Schiffe mit Gewürzen beladen in die Themse zurückkehren", darf immerhin als Ursprung der ersten Aktiengesellschaft angesehen werden.

Auch für das Versicherungswesen ist London, neben den Finanztransaktionen, eine der wichtigsten Weltmetropolen. Und hat sich nicht ebenfalls das Versicherungswesen aus der britischen Standardwette entwickelt? „Wetten, dass Funny Hawk beim Windhundrennen gewinnt", ist schließlich nicht sehr weit von „Wetten, dass mein Haus abbrennt" entfernt. Man muss nur jemanden finden, der bereit ist, auf das Gegenteil zu setzen: „Wetten, dass dein Haus nicht abbrennt, und deine Prämie und die der anderen mich reich macht!"

Dabei verkehrt sich bei einer Versicherung lediglich die Wettrichtung. Wetten Sie zum Beispiel darauf, dass Sie London wieder im Vollbesitz ihrer geistigen Kräfte verlassen werden, so werden Sie sicherlich einen Wettgegner finden. Wollen Sie genau diesen Vollbesitz der geistigen Kräfte versichern lassen, wird's erheblich enger. Wetten?

Irgendwann muss man etwas essen – selbst wenn man in England ist. Folgt man einer etwas angestaubten Empfehlung des angesehenen Gourmets Wolfram Siebeck, so landet man im Rules. Dabei handelt es sich um nichts geringeres als das älteste Restaurant Londons.

Die Eingangstür des Rules ist praktisch ein Time Tunnel. Die Atmosphäre im Inneren ist gesättigtes 19. Jahrhundert. Hier kann man Sir Arthur Conan Doyle die Hand schütteln und mit Mitgliedern des Drohnenclubs die aktuelle Lage in den Kolonien besprechen. Als Unzeitgemäße schwebt Maggie Thatcher als Racheengel wohl nicht über dem Ganzen, doch beansprucht sie zumindest eine kleine Ecke der englischen Historie.

Das Essen entspricht dem, was man auf einem englischen Landsitz (Rules findet man in der Maiden Lane, direkt im Herzen Londons) erwarten darf. Wildente, Fasan, Rebhuhn, Reh und Hase sagen sich hier Gutenacht. Aber auch das ordinäre Rumpsteak ist hier zu Hause, wie auch geschmorte Ochsenbacken.

Weine gibt es aus allen Weltgegenden, in der Sprache der Rules-Speisekarte: „aus den ehemaligen Kolonien". Der Genießer darf sich also auf Rebsaft aus Kalifornien, Australien und Südwestfrankreich freuen.

Südwestfrankreich? Ja, bei den Engländern ist es eben nur eine Frage, wieweit sie in der Geschichte zurückgehen. Höflichkeitshalber bekamen die Weine aus der Gascogne den Zusatz „aus der Römerzeit", womit nicht das Alter der Weine, sondern der des Kolonialstatus gemeint ist – so ungefähr zumindest.

Vergessen Sie Rom, vergessen Sie Athen. Bereits nach drei Tagen London wissen Sie, dass die Geschichte des Abendlandes hier erst richtig begonnen hat. Betrachten Sie die Geschichte, betrachten Sie die Welt aus der Sicht des Engländers, und Sie werden feststellen, das ist ein ganz anderer Blickwinkel.

3. Drehtag

EXT, Straße vor Kino – abends

Wolle und Jenny kommen aus dem Kino. Wolle macht mit ausgebreiteten Armen ein Kinderflugzeug, mit dem er um Jenny herumfliegt.

Wolle
Das war richtig Klasse, nech?

Jenny (amüsiert über Wolle)
Ja, nett.

Wolle steht neben Jenny und legt ihr beim Lachen die Hand auf die Schulter.

Wolle
Und wie sie dann ins Telefon gestöhnt hat, weil sie dachte ihr Freund wäre dran, aber es war ihr verhasster Chef.

Jenny lacht auch.

Jenny
Und als er dann dem Pastor in den Hintern gekniffen hat, weil er dachte, es wäre seine Putzfrau.

Beide liegen sich lachend in den Armen.

Wolle (prustet)
Und dann hat er das falsche Kind verprügelt, weil er dachte es wäre sein kleiner Bruder.

Jenny (wieder ernst)
Das fand ich weniger komisch.

Wolle
Aber das ganze Kino hat gelacht.

Jenny
Aber ich bin nunmal nicht das ganze Kino.

Wolle überlegt angestrengt

Wolle
Ja, verstehe.

Wolle überlegt wieder angestrengt.

Wolle
Wollen wir vielleicht noch was trinken gehen. (die Zahnräder im Kopf rotieren, dann hellt sich sein Gesicht auf). Ich kenne da einen schnuckeligen kleinen Italiener, direkt am Fluss.

Jenny (skeptisch, überlegt)
Ja, warum eigentlich nicht? Dann gucken wir uns mal deinen schnuckeligen kleinen Italiener an.

Sie gehen.

INT, Café – abends

Rüdiger und Markus sitzen einige Biere später immer noch im Cafe. Rüdiger verabschiedet sich gerade von Markus.

Rüdiger
Du wirst es mit Sicherheit nicht bereuen. Nur der Vogel, der über den Berg fliegt, sieht neues Land.

Markus
Aber es ist mein letztes Geld. Da darf nichts schiefgehen.

Rüdiger
Wird es nicht, Markus, wird es nicht. Die Turbozertifikate starten durch.

Rüdiger macht mit der Hand die Bewegung eines startenden Flugzeugs.

Rüdiger
Bis dann, mein Freund.

Rüdiger geht. Im Eingang geht er an Kathy vorbei, die gerade in das Cafe geht. Sie sieht sich um und erblickt Markus, der wieder trübsinnig in sein Bierglas schaut.

Kathy
Das ist aber schön, dass ich hier jemand Bekanntes treffe. Darf ich

mich zu dir setzen, Markus.

Markus deutet mit der offenen Hand lässig auf den gerade frei gewordenen Stuhl neben sich und lächelt Kathy an.

Markus
Bitte, meine verlorene Liebe.

Kathy
Ja, Liebe vergeht nunmal. (Sie macht ein betrübtes Gesicht) Ich habe das von Jenny und dir gehört. Tut mir leid. Sie war aber neulich auch Scheiße drauf. Wie geht es weiter?

Markus rührt mit seinem Blick das Bier um.

Markus
Ich ziehe aus. Immer diese Vorwürfe. Markus, lass deine stinkenden Socken nicht überall rumliegen. Markus, zieh ab, wenn du auf Toilette warst ...

Kathy
Und wo wohnst du jetzt?

Markus
Keine Ahnung. Zur Not muss ich halt zu Wolle gehen.

Kathy denkt kurz nach.

Kathy
Rein zufälligerweise ist bei mir Claudia gerade ausgezogen. Ihr Zimmer ist momentan frei. Da könntest du erstmal pennen und deine Sachen unterstellen. Nur vorübergehend natürlich.

Markus sieht sie erstaunt an.

Markus
Das wäre ja toll. Aber es kommt natürlich ein bisschen komisch; wo wir doch schon mal zusammen waren.

Kathy
Ein Schelm, wer Böses dabei denkt. Außerdem – (sie senkt ihre Stimme und lässt sie in den Keller rutschen) Du wirst dich doch wohl nicht nachts in mein Gemach schleichen und mir meine Jungfräulichkeit rauben?

Markus spielt mit.

Markus
Da sei dein Keuschheitsgürtel vor – Und mein Gelübde.

Kathy
Dein Gelübde?

Beide lachen.

INT, Judiths Wohnung – abends

Oliver und Judith betreten Judiths Wohnung. Sie schmeißt ein paar Einkaufstüten (mit Schuhen) mitten aufs Sofa und setzt ein bezauberndes Lächeln auf.

Ralf (Regisseur, im off, brüllt)
Kevin!
Kevin (Drehbuchautor, im off, mit zwei Gummibärchen im Mund)
Der Text war gestern schon fertig.

Judith
Warum meinen die Typen eigentlich immer, dass wir Frauen so versessen auf Schuhe sind. Ich zum Beispiel kaufe mir viel lieber Stiefel.

Ralf (Regisseur, im off, ungeduldig)
Bitte!

Judith (lächelt (bezaubernd))
Wie wäre es, wenn wir Thorsten einen kleinen Streich spielen?

Oliver zeigt sich wenig begeistert.

Oliver
Ausgerechnet deinem Ex-Lover?

Judith
Wir haben wieder ein sehr freundschaftliches Verhältnis zueinander.

Oliver
Und warum dann der Streich?

Judith
Wir haben eine kleine Wette laufen: Wer zuerst rot wird, der muss

eine Kiste Schampus springen lassen. Und wenn Thorsten eine Biene sieht, wird er rot. Da setzt eine sogenannte Flush-Reaktion ein. Die medizinischen Details will ich dir ersparen. Also das Ganze ist völlig harmlos.

Oliver überlegt kurz.

Oliver
Und wie soll die ganze Aktion praktisch ablaufen? Soll ich etwa mit einer Biene hinter ihm herlaufen?

Judith (lächelt verschmitzt)
Das wird sich schon finden. Aber jetzt machen wir es uns erstmal gemütlich. Soviel Kooperationsbereitschaft muss doch belohnt werden.

Judith setzt ihr vielversprechendstes Lächeln auf und streicht sich die Haare hinters Ohr. Bei leicht geöffneten Mund lässt sie die Zungenspitze über ihre Lippen gleiten.

Judith
Möchtest du vorher noch etwas trinken?

Ralf (Regisseur, im off)
Aber Judith, das mit dem leicht geöffneten Mund und der Zungenspitze kannst du doch besser. (lacht)

Kevin (Drehbuchautor, im off)
Viel besser! (lacht)

Judith (stinksauer)
Ihr blöden Schwanzlutscher!

Ralf + Kevin (Regisseur + Drehbuchautor, im off, brüllen vor Lachen)

INT, Diskothek – abends

Spongo läuft an der Tanzfläche entlang und hält generell Ausschau nach dem weiblichen Geschlecht. Einmal, zwecks schlafen heute nacht, und zweitens, zwecks schlafen heute nacht. Als er eine heiße Alte auf der Tanzfläche entdeckt, tanzt er sich zu ihr durch.

Spongo (lächelt)
Hi, ich bin Spongo. Bist du heute zum ersten Mal hier?

Frau
Nein, ich bin fast jeden Abend hier. Und du hast mich schon mindestens fünf Mal angegraben. Jedes Mal ohne Erfolg. Altert man hier drin so schnell?

Spongo tanzt sich etwas weiter durch, bis er eine schnuckelige Brünette im Visier hat.

Spongo (lächelt charmant)
Du erinnerst mich an Sarah Sanebkin, weißt du das?

Frau (genervt)
Häh? An wen?

Spongo lehnt sich etwas vor.

Spongo
Sarah Sanebkin war eine legendäre Tänzerin und Schauspielerin.

Frau
Häh?

Leider wurde sie dann vom Flugzeug überfahren.

Frau
Häh?

Spongo (resigniert)
Nein, sie ist aus dem Auto gefallen. Tragische Geschichte. Schönen Abend noch.

Spongo tanzt sich raus und latscht zur Bar, wo seine Kumpel (u.a. Bazillo) stehen und sein Bier. Er nimmt einen kräftigen Schluck.

Bazillo
Und wie?

Spongo nimmt noch einen Schluck und lässt seinen Blick cool über das Geschehen in der Disco schweifen.

Spongo
Nix!

Bazillo grinst vor sich hin

Bazillo
Nix mit Matratze? Hat nicht mal Sarah Sanebkin geholfen?

Spongo
Neeeh.

Bazillo
Und nun?

Spongo
Muss wieder bei Wolle schlafen.

Bazillo
Und wie?

Spongo zieht einen Schlüssel aus der Tasche.

Spongo
Hab Schlüssel. Kein Problem. So, what.

Spongo grüßt seine Kumpels und geht.

INT, teures Restaurant – abends

Dr. Malle (gespielt von Ralf, dem Regisseur) diniert mit Rositha von Wandersheim, einer gutaussehenden Frau mittleren Alters, und von altem industriellen Adel. Sie sitzen an einem Tisch im ‚Chez Albert', dem besten Restaurant der Stadt. Beide sind in Abendgarderobe gewandet und stoßen gerade mit einem exquisiten Roten auf eine ebenso exquisite Zukunft an.

Dr. Malle
Die Schnecken a la Fiesant Moef du Pape waren wirklich ganz vorzüglich. Ich mag es, wenn sie noch ein ganz klein wenig schleimig sind.

R v W
Ja, sie rutschen dann wie von selbst den Schlund hinab. Man hört förmlich noch, wie Sie Juchhee schreien.

Beide lachen.

Dr. Malle
Und danach einen Cru de Saint Clochard. (er hebt das Glas) Was will man mehr.

Beide trinken und tupfen sich den Mund ab.

R v W
Und was machen die Geschäfte?

Dr. Malle (mit selbstgefälligen Grinsen, welches Ralf gut hinkriegt)
Sie laufen, sie laufen. Ein kleines Firmensplitting hier, eine nett geplatzte Immobilienblase da. Es läppert sich. Doch am meisten Spaß macht mir im Moment ein Projekt, bei dem der kleine Mann eine Menge Geld verdienen kann.

R v W
Nanu, plötzlich so sozial auf die alten Tage? Setzt bei dir etwa schon die Altersmilde ein?

Dr. Malle
Nein! (er lacht (was Ralf nicht kann)) Wir locken mit Informationen hinter vorgehaltener Hand. So ködern wir die Fische an. Dann kaufen Sie unsere Turbozertifikate. Aber erst noch vorsichtig, man kann ja nie wissen. Dann drehen wir von außen den Turbo auf, und die Dinger hopsen nach oben. Jetzt hat der Kleinaktionär Blut geleckt. Zum völlig überteuerten Preis kauft er nach, wittert das Geschäft seines Lebens. (singt) Zeigt her eure Füßchen, überweist euer Geld.

R v W
Und dann irgendwann zieht der Pseudo-Investor sein Geld wieder raus.

Beide prosten sich wieder zu.

Dr. Malle
Und dann macht es Bummsfallera.

Beide trinken und lachen

R v W (grinsend)
Ob arm oder ganz arm. Das ist doch egal.

Dr. Malle
Scheißegal.

INT, Kathys Wohnung – abends

Kathy und Markus gehen durch Kathys Wohnung und besichtigen das freie Zimmer

Markus
Schön, wirklich, sehr schön.

Kathy
Ich denke auch, es gibt schlechteres. Ich habe noch eine Matratze. Dann kriegst du noch Bettzeug dazu, und fertig ist das Mümmelmännchen.

Sie gehen zurück in die Wohnküche, wobei Markus ein bedrücktes Gesicht macht.

Markus
Ein bisschen komisch ist es ja schon. Du bist ihre beste Freundin und wir waren schon mal zusammen. (lacht) Weißt du noch, wie eifersüchtig sie immer noch auf dich war, als ich gerade mit dir Schluss gemacht habe und zu Jenny zog?

Markus lacht, Kathy macht ein melancholisches Gesicht.

Kathy
Ja, an die Zeit kann ich mich noch gut erinnern.

Markus kriegt von dem hintergründigen Stimmungswandel nichts mit.

Markus (nachdenklich)
Dann muss ich ja meine Sachen abholen und ihr erzählen, wo ich jetzt wohne.

Markus schaut Kathy fragend an. Diese blickt mit überlegenem Lächeln zurück.

Kathy
Wer sagt denn, dass du es ihr erzählen musst. Sag doch einfach, du hast bei Wolle geschlafen und ziehst jetzt zu einem alten Freund, den du zufällig getroffen hast.

Markus (überlegt)
Ja, das ist vermutlich das Beste. (besser gelaunt) Dass ich im Moment hier bei dir wohne, belastet sie doch nur unnötig.

Kathy (lächelt Markus an)
Genau!

INT, Wolles Wohnung – nachts

Spongo schließt Wolles Flat auf und stiefelt rein. Er schmeißt in hohem Bogen den Schlüssel auf den Tisch, geht zum Kühlschrank, holt sich ein Bier raus. Er will gerade trinken, als er ein seltsames Geräusch hört. Im gleichen Moment kommt Wolle herein.

Spongo (belustigt)
Was ist denn los, Wolle? Hast du etwa eine besoffene Mieze abgeschleppt, und statt des erhofften Ficks, kotzt sie dir jetzt die Bude voll?

Wolle (betreten)
Das ist anders, als du denkst.

Spongo (resigniert)
Ich weiß, es ist immer alles anders, als ich denke.

Wolle
Das ist Jenny, die da so bricht.

Spongo
Jenny? Deine geliebte Jenny?

Wolle hat ein Stück Papier in die Hand genommen und knetet es durch.

Wolle
Sie hat zwei Wein getrunken.

Spongo (spöttisch)
Tragisch. Und deswegen kotzt sie sich jetzt die Seele aus dem Leib?

Wolle
Sie verträgt keinen Alkohol.

Spongo
Hör ich.

Wolle
Ich meine, gar nicht.

Spongo
Okay. Sie kübelt das Zeug ja auch gerade wieder aus ihren entzückenden Körper raus. Deswegen musst du doch nicht so ein Gewese machen.

Wolle
Aber das Kind.

Spongo macht ein ziemlich dämliches Gesicht.

Spongo
Was für'n Kind?

Wolle macht ein Gesicht, als hätte ihn gerade eine tollwütige Maus in eine Stelle gebissen, wo es besonders weh tut. Er hält seine Hand auf seinen Bauch.

Spongo (mit alarmierten Gesicht)
Ach, du meinst sie ist schwanger?

Wolle nickt heftig. Spongo stellt entschlossen seine Bierflasche auf den Tisch und eilt in Richtung Badezimmer, aus dem weitere Würgegeräusche kommen. Wolle rennt hilflos hinterher. Spongo kommt zum Badezimmer und zieht die angelehnte Tür einen Spalt weit auf und sieht hinein. Die Kamera auch. Jenny ist zu sehen, wie sie sich in die Kloschüssel übergibt. Sie hebt gerade den Kopf, ihr Gesicht ist tränenüberströmt. Spongo dreht sich zur Seite, wo Wolle steht. Großaufnahme von Spongos entsetztem Gesicht.

Spongo
Ich glaube du trabst mit deiner Jenny jetzt mal ganz schnell ins Krankenhaus.

Wolle
Kannst du nicht mitkommen?

Spongo (denkt nach)
Nein! Ich habe eine ganz dringende Verabredung mit Sarah Sanebkin.

Abspann
Was wird aus den Turbozertifikaten? Was wird aus Markus und Kathy? Und was wird aus Markus und Jenny? Und was denkt Jennys Kind über den Alkoholkonsum seiner zukünftigen Mutter?

Après-Dreh

Der Drehtag dreht sich in den Köpfen unserer Mimen noch weiter. Das spürt man auch in der Kantine.

Kathy neckt Markus: „Du entgehst mir nicht. Ich weiß wie Kevin denkt. Diese Problemstellung wird er sich nicht entgehen lassen."

„Und was meinst du, in welcher Problemstellung wir es dann treiben werden?"

Angie läuft vorbei und haut Markus einen auf seinen Hintern. Sie hat genau gesehen, dass Jenny gerade hinguckt. Und bei Kathy scheint sie sich damit auch nicht gerade beliebt zu machen. Denn die haut der vorbeigehenden Angie ihrerseits einen auf ihren strammen Hintern, lächelt herzallerliebst und sagt: „Aber hallo, Schätzchen!" Dabei lässt sie ihre Zunge im offenen Mund kreisen.

Kathy wird hier bei uns allgemein als Lesbe gehandelt, aber nichts genaues weiß man nicht. Ihr scheint das aber ganz recht zu sein, so haben die ‚Zicken', wie sie sie nennt, etwas mehr Respekt. Wenn ihr eine dumm kommt, fängt sie an, an der Kleinen ein bisschen rumzufummeln. Das treibt unseren jungen Starletts immer so eine Minimal-Panik ins Gesicht.

Kevin hat jedenfalls schon erzählt, dass er bald eine Lesbenstory einbauen will. Damit wir nicht „zu sehr im dumpfen Familien-Image versumpfen". Und so hat er sich dann vor der versammelten Truppe hingestellt, sein ausgestreckter Zeigefinger wanderte über der hübschen Mädchen illustrer Schar. „Eine von Euch …" und dabei verengten sich seine Augen zu bösartigen kleinen Schlitzen. „Eine von euch wird auserkoren sein, eine heiße Lesbos-Szene mit Sweetheart Kathy zu drehen." Und in ihre aufgerissenen, vom Schrecken geweiteten Augen zischte er hinein: „Wir werden dabei an die schmierigen Grenzen dessen gehen, was in einer Seifenoper erlaubt ist." Dann wendete er sich desinteressiert, scheinbar lustlos ab und murmelt nur noch so vor sich hin: „Wenn also eine von euch noch keine lesbischen Erfahrungen haben sollte, kann sie sich bei mir melden – wir werden diese Bildungslücke erbarmungslos schließen."

Kevin liebt es zuweilen, so richtig abgrundtief gehasst zu werden. Warum, kann ich nicht sagen. Aber vielleicht hasst er uns auch alle von ganzen Herzen. Vielleicht ist es Selbsthass. Vermutlich kann er das selber nicht mehr so ganz auseinander halten.

Kathys scheinbares Interesse an Markus kann natürlich nur ein Feierabend-Gag sein. Vielleicht ist es mehr. Spongo berührt das wenig. Er sitzt völlig cool da und lässt den Gerstensaft in sich reinlaufen. Auf Thorstens Frage, was er noch vorhat, blubbert er nur: „Inne Disko, einen Anhänger suchen."

„Hast du da auch soviel Glück, wie in der Szene vorhin?"

„Mann, ich bin Fernsehstar", Spongo lässt das Wort gerne etwas ausklingen. „Ich kann mir mein Möschen aussuchen."

„Und wer kein Fernsehstar ist?", will Thorsten wissen, aber nur so zum Spaß, weil er sich schon gar nicht mehr vorstellen kann, wie das so ist, wenn man als Nicht-Fernsehstar durchs Leben schlurfen muss.

„Die müssen halt nehmen, was wir übrig lassen." Beide stimmen dann ein gemeines, fieses Lachen an. Aber das meinen sie gar nicht so. Sie üben nur schon für den morgigen Drehtag.

Interview mit einem Telefon

Der moderne Mensch im allgemeinen, der Deutsche und der Engländer besonders, aber auch der Franzose und der Schwede bezeichnen ihr Zuhause gern als Festung, als Brutstätte des Privaten und verklausulierte Individualsphäre. Hier kann einem nichts und niemand stören, wenn man gerade seinen intimsten Tätigkeiten nachgeht, wie fernsehen, essen oder mit intakten Verhütungsmitteln für Nachwuchs sorgen. Nichts – außer dem Telefon.

Das Telefon erst machte es möglich aus der wattierten Privatsphäre heraus und auch in sie hinein zu sprechen. Es wurde genau zur rechten Zeit erfunden. Denn die Menschen neigten zu stets effektiveren Verpuppungsaktivitäten, die so weit reichten, dass eines Tages die ersten mumifizierten Körper in den Wohnungen gefunden wurden. Doch mit der Erfindung des Telefon-Marketings kam es zu einer drastischen Abnahme übelriechender Privatsphären-Kadaver. Denn diese freundlichen Leute sorgen dafür, dass die Polizei mal nach dem Rechten sieht, wenn Herr Klimaschowski auch nach dem sechsten Anruf keinerlei Neigung zeigt seinen Telefonhörer abzuheben.

Es ist schon eine Weile her. Und für mich fing damals eigentlich alles ganz harmlos an. Ich war noch sehr jungfräulich, was die Akquise per Telefon angeht.

„Sie gehören zu den auserwählten Gewinnern eines Teilnahms-Los der Ostwesthessischen Kassenlotterie", schmetterte mir eine fröhliche Stimme entgegen. „Freut Sie das nicht?" brüllte sie auffordernd hinterher. Ich wusste damals nicht genau, ob das jetzt im Radio gesendet wird, und antwortete mit einem „Aber hallo", und schickte sicherheitshalber einen mühsam hervorgejodelten Juchzer hinterher, als könnte ich mich kaum noch beherrschen vor lauter Begeisterung. Nichts schadet schließlich dem eigenen Ruf mehr, als wenn man sich in Stunden des überraschenden Glücks plötzlich als Muffel outet.

War ich damals noch das ideale Opfer, so gelang es mir im Laufe der Zeit immer besser Telefonkontakte dieser Art auf ihren verborgenen Sinn hin abzuklopfen. Auf sie angemessen zu reagieren dauerte nur eine Kleinigkeit länger. Bis dahin aber musste ich zunächst noch einige derbe Schlappen einstecken.

„Es freut mich sehr Ihnen mitteilen zu dürfen, dass Sie es bis in die Endrunde geschafft haben", perlte eine junge Frauenstimme aus dem Telefonhörer.

„In die Endrunde?" freute ich mich zurück. „Na, sowas. Und was heißt das?"

„Dass Sie ganz dicht dran sind ..." Bei diesen Worten lief ihr anscheinend das Wasser im Mund zusammen, denn die Worte ergossen sich mir regelrecht ins Ohr. „... an der Million", hauchte sie mit letzter Kraft hinterher. Vor meinem geistigem Auge tauchte ich gerade in den Swimming-Pool hinter meiner Villa ein. Eine Einladung dorthin würde die Telefonperle sicherlich begeistern.

Plötzlich meldete sich die Stimme der Vernunft. Natürlich immer, wenn's gerade am schönsten ist. Sie laberte etwas von in die Jahre gekommenen Männern, die sich für dumm verkaufen lassen. – Sollte sie doch.

Als aber die andere Stimme, die mit dem einladenden Speichelfluss, hinzufügte: „Sie müssen nur noch ...", war ich fast geneigt, dem Langweiler Recht zu geben und einfach aufzulegen. Doch Fräulein Mississippi war Profi, gut ausgebildet, und hatte immer noch ein Zuckerl in der Hinterhand.

Sie spürte meinen Wankelmut und schob daher ein „Bei einer so jungen und positiven Stimme sind Sie doch sicherlich bereit, ein kleines Risiko einzugehen."

Ihre Stimme war um ebensovieles tiefer wie leiser geworden. Ich sah deutlich vor mir, wie sie nur deshalb nichts weiter sagte, weil ihre Zunge vollauf damit beschäftigt war, sanft ihre Lippen anzufeuchten. Sie würde bestimmt der Einladung in meine zukünftige Villa folgen; unter der Voraussetzung natürlich, dass nicht allzuviele andere Leute da wären.

Aber dies war wirklich das einzige Mal, dass ich am Telefon alle persönlichkeitsrelevanten Daten rausgerückt habe, inklusive Bankverbindung. Aber was soll's: nach 15 Monaten war ich aus dem Deal wieder raus. Eine Villa kann man sich schließlich auch mit ehrlicher Arbeit verdienen, und die Telefontante war mir sowieso schon zu alt.

Die Anrufe nahmen im Laufe der Zeit deutlich zu. Ich machte meine Erfahrungen und wurde immer schneller. Den Satz: „Sie haben gewonnen!" kriegten sie schon gar nicht mehr ganz raus. Aber der Gegner lernt natürlich auch dazu. In einer nächsten Strategiewelle wurde auf strikte Personalisierung gesetzt.

Auch wenn die Ehefrau dran war, fragte die Telefonella mit überaus korrekter Stimme: „Spreche ich mit Josef Bloom?" Was das Ehegespons natürlich verneinen musste.

„Könnte ich denn mit Josef Bloom sprechen?"

„Mein Mann ist gerade nicht da, kann ich Ihnen irgendwie weiterhelfen?"

„Nein, diese Mitteilung ist nur für Josef Bloom bestimmt. Ich rufe später nochmal an."

So wurde schon mancher Ehemann Zuhause mit den Worten empfangen: „Da will eine junge Frau unbedingt nur mit dir sprechen. Kannst du dir das erklären – und vor allem mir?"

Als dann in stiller Abendstunde das Telefon zweimal läutete, ging ich selber dran. Ich hörte nur eine Frauenstimme, gedämpft und mit dunklem Timbre: „Spreche ich mit Herrn Bloom?"

Ich hauchte ein „Ja" zurück.

„Josef Bloom?" Ihre Stimme vibrierte noch mehr.

Ich drückte mein Rückgrat durch, jeder längst verkümmerte Muskel in meinem Körper war gespannt. Diesmal presste ich ein ganz entschiedenes, wenn auch völlig kontrolliertes ‚Ja' heraus. Ein ‚Ja' wie es seit Jahrzehnten in meinem Inneren darauf gewartet hatte, herausgelassen zu werden. Mit diesem Ja könnte ich eine Säbelklinge in kleine Streifen schneiden. Es war ein entwaffnendes Ja gegen das jeder Widerstand zwecklos ist. Die Frau, die mich das gefragt hat, nestelt schon an ihren Spaghettiträgern herum, und mit einer glühenden Zungenspitze zieht sie sich die Augenbrauen nach. Selbst die Hitze einer karibischen Nacht, nur gekühlt von einem sanften Wellenschlag, verbrennt sich an der zischenden Oberfläche meines Bloom-Girls die Finger.

„Es freut mich ihnen mitteilen zu können, dass Sie …"

Nur wenige Millisekunden und ich war wieder in der nüchternen Banalität meines Werbeattacken-Alltags gelandet. Mit müdem Blick schaute ich in den Flurspiegel und wischte mir den Speichel ab, der in einem kleinen Rinnsal die kleine Falte zwischen Mundwinkel und Kinn hinabfloss.

Aber schließlich wäre ich kein Kind der Jetztzeit, wenn ich aus der ganzen Chose nicht etwas Fun beziehen könnte. Beim nächsten Anruf fing ich zunächst mild an.

„Spreche ich mit Herrn Bloom?" fragte mich eine Stimme mit eingeschliffener Erotik.

„Nein, der ist im Moment nicht da."

„Wann kommt er denn wieder?"

„In ein paar Wochen."

„Oh, so lange?"

„Ja, er macht Urlaub im Amazonasgebiet. Das zieht sich in die Länge."

Allerdings hatte ich nicht mit der Ausdauer solcher Anrufer gerechnet. Und wohl auch nicht mit der in Zeiten computerisierten High-Techs immer problemloseren Wiedervorlagefunktion. So kam es, dass nach exakt ein paar Wochen erneut das Telefon melodierte.

Die gleiche Jungfrauenstimme säuselte:

"Ist Herr Bloom jetzt wieder aus seinem Amazonas-Urlaub zurück?"

Natürlich hatte ich den letzten Anruf längst vergessen. Ein gewisser Überrumpelungseffekt war Fräulein Säusel nicht abzusprechen. Daher musste ich verschiedene Störgeräusche und einen fast final klingenden Hustenanfall vortäuschen, um Zeit zu gewinnen. Doch dann lag die Anlegenheit klar vor mir.

„Es tut mir leid, aber Herr Bloom hatte einen Unfall im Amazonas-

Becken."

„Oh, das tut mir aber leid." Sie machte eine Pause, die nach einer Erklärung verlangte.

„Zitteraale, wissen Sie?"

„Zitteraale?"

„Ja, das sind die mit den Stromstößen."

„Stromstöße?" ich hörte deutlich eine angewiderte Furcht in ihrer Stimme.

„Ja, Stromstöße. 700 Volt, 20 Ampere. Da kommen die Augäpfel ganz schön ins rotieren."

„Gott, wie furchtbar."

Eigentlich hatte ich meine Pflicht bereits erfüllt, aber nun war ich richtig in Fahrt.

„Das hätte der Gute ja noch überstanden." Ich hörte wie sie die Luft scharf zwischen den Zähnen einzog. „Aber dann kam die Anaconda." Die Luft nahm den gleichen Weg in umgekehrter Richtung. „Aber anscheinend war die wohl nicht so recht in Form. Aus irgendwelchen Gründen ließ sie wieder von ihm ab."

„Gott sei Dank." Jetzt hatte ich sie gepackt.

„Die Alligatoren war da schon hartnäckiger."

„Alligaaa ..."

„Tja, meine Liebe," soviel Vertraulichkeit musste schon sein, wenn ich ihr minutiös die Zerlegung meines armen Kumpels Josef Blooms schilderte. „Tja also, irgendwie hätte er das auch noch geschafft."

„Jaaahhh?" Hoffnung keimte bei ihr auf. So etwas durfte ich nicht zulassen.

„Schließlich kann man sich auch noch mit einem Bein flott durchs Leben bewegen. Die Prothesen sind heutzutage ja die reinsten Wunderwerke."

Sie atmete nur noch stoßweise.

„Wenn da nicht die Piranhas gewesen wären."

Ich gab ihr einen Moment, um ihren Kehlkopf wieder in die Ausgangsposition zu manövrieren.

„Sie können sich ja vorstellen, das viele Blut durch das abgerissene Bein ... Wie man so schön sagt: ein gefundenes Fressen für die kleinen Salmler."

Ich hörte ein Geräusch als wenn ein kleiner Elefant mit fürchterlichem Schnupfen nach seiner Mutter ruft.

„Naja, mit der Heimreise war's dann ja Essig, das heißt schließlich hat es dann ja doch noch geklappt."

„Wirklich?"

Josef Bloom war anscheinend nicht tot zu kriegen. Jetzt musste ich ihm den Rest geben.

„Die Einheimischen, also so'n fitter Indianerstamm, die haben nach ihm getaucht."

„Und ihn gefunden?"

„Klar doch!"

„Klasse!" Also diese Telemarketing Key Acquisition Junior Manager, ich nehme an mit so etwas ähnlichem hatte ich es gerade zu tun, legen ja eine derartige Weltfremdheit an den Tag. Man glaubt es kaum.

„Er hatte sich auf fast einen ganzen Kilometer Fluss verteilt. Sie haben praktisch alles gefunden. Nur die linke Kniescheibe und die rechte Speiche fehlten. So mussten wir ihn dann beerdigen. Man kann halt nicht alles haben."

Nachdem wir noch kurz sein Lebenswerk gewürdigt hatten und dabei auch sein soziales Engagement nicht zu kurz kommen ließen, verabschiedeten wir uns voneinander. Kurz vorm Auflegen rief ich dann noch:

„Und bitte, nur damit es nicht zu Missverständnissen und unnötigen Bemühungen ihrer- und meinerseits kommt, machen Sie doch bitte hinter dem Namen von Josef Bloom ein ganz dickes Kreuz. Sie wissen schon, dieses christliche. "

Natürlich ist das eine der aufwendigeren Varianten. Aber ich hatte für jeden etwas: Vom 1,5 Sekunden-Aufleger bis hin zur herzzerreißenden Lebensgeschichte.

Doch niemand macht sich eine Vorstellung von der ungeheuren Reichweite des Telefonmarketings heutzutage. Eigentlich dachte ich, es wäre ganz clever. Jedenfalls erzählte ich dem nächsten Telefon-Frollein, einer Frau Isabel Schrodewind, die sich wahnsinnige Sorgen über meine Versorgungslücke im Alter machte – angebrachter wäre ein gelindes Entsetzen angesichts meiner Zahlungslücken in der Gegenwart gewesen –, dass ich, Josef Bloom, kurzerhand ausgewandert wäre.

Ja, nach Ausstralien. Ja, ich wäre auch schon mal da gewesen, nettes Land und so groß, ganz anders als bei uns. Adresse? MomentmalMoment.

„Hier hab ich's. In Adelaide, Kings Road 2367." Ich habe nämlich einen Onkel Kurt in Australien wohnen, der mir zwar nicht gerade wohl gesonnen ist, weil er mich für einen kompletten Idioten hält, aber zu runden Geburtstagen schickt er schon mal eine Postkarte. Der Absender ist immer etwas verwischt drauf. Vermutlich hat er Angst, dass ich ihn mal besuche. Aber die Karte lag direkt vor meiner Nase und der Absender war gerade noch lesbar. Für meine Zwecke reichte es jedenfalls.

„Viel Glück. Er freut sich bestimmt. Der hat wahnsinnige Versorgungslücken", waren meine Abschiedsworte an Frau Schrodewind.

Zu meiner Verwunderung arrangierte ebendieser Onkel Kurt einige Zeit später eine lohnende Geschäftsreise für mich, die sich mühelos mit einer touristischen Erkundung des fünften Kontinents verbinden ließ. Caroline war begeistert, und ich prinzipiell auch.

Dass man dabei Onkel Kurt nicht ganz umschiffen konnte, war klar. Aber alles hat halt seinen Preis.

„Da bist du ja endlich", ätzte er mich bereits am Flughafen in Adelaide an. Zwar hatte ich nicht mit einem großem Hallo gerechnet, aber schließlich hatte er mich doch höchstselbst über einige größere Teiche hinweg ins Land der wiederkehrenden Wegwerfknüppel gelotst.

Zwei Tage später erfuhr ich den Hintergrund der großzügigen Einladung. Er übergab mir den Telefonhörer, nicht ohne vorher noch ein „Ich habe Ihnen doch gesagt, dass sie bald mit ihm selber sprechen können" in das Telefon zu grinsen.

Frau Isabel Schrodewind war hocherfreut mich zu sprechen. Endlich hätte sie mich erwischt, und meine Stimme klingt so ähnlich wie die meines Vetters. Ja der, der meine Wohnung in Deutschland übernommen hat.

„Im Prinzip ist ja alles erledigt", schnurrte sie mir durchs Telefon entgegen. „Ihr Onkel hat ja schon so vieles für sie getan. So einen Onkel hätte ich auch gerne." Sie wies nur noch darauf hin, dass die Versicherung gegen die Bisse des Taipans bereits unterwegs sei, ich also wie gewohnt nur noch unterschreiben müsse. „Ihr Onkel sagte mir ja bereits, dass Sie übervorsichtig seien, aber eine weitere Versicherung fällt mir jetzt beim besten Willen nicht mehr ein."

Ein furchbarer Gedanke machte sich in meinem Kopf breit. Onkel Kurt war früher berühmt in der Familie für das absolut perfekte Fälschen von Unterschriften ...

Insgesamt kostete es mich vier Jahre und den pekuniären Gegenwert von sechs Australienreisen bis ich aus allen Verträgen wieder raus war. Als besonders hartnäckig erwies sich die Schiffs-schrauben-Versicherung, ein Kontrakt von dem nicht ganz klar war, ob er eine meiner anscheinend zahllosen Schiffsschrauben ver-sicherte, oder mich, für den Fall, dass eine Schiffsschraube mich zu Frikassee verarbeitete. Das konnte mir auch Frau Schrodewind nicht so genau sagen. Sie wusste nur, dass diese Versicherung erst auf das hartnäckige Drängen seitens meines besorgten Onkels von der Versicherungsgesellschaft neu entworfen worden sei, sich nun aber zum Renner gemausert hätte.

Dieser Australien-Urlaub zeigte mir wie eng die Welt im Zeitalter der Globalisierung geworden ist. Ebenso hatte ich hinzugelernt, dass es offenbar viele verschiedene Wege gibt, mit dem Telefon-Marketing fertig zu werden. Ich für meinen Teil lasse Josef Bloom jetzt nur noch sterben. Sicher ist sicher. Vor kurzem starb er in Hongkong an einem Blitzschlag. Kurz danach ließ ich ihn im thailändischen Dschungel spurlos verschwinden – vermutlich entführt. Es passiert ja soviel heutzutage.

4. Drehtag

INT, Disco – sehr spät nachts

Unaufhörlich schreitet die Zeit voran. Nachdem der Tag geendet, und die Nacht sich bleiern über unsere kleine Großstadt gesenkt hat, bereitet auch sie sich darauf vor, einem neuem Morgen zu weichen. Fern am Horizont kündet ein seichtes Leuchten den heraufziehenden neuen Tag an. Doch davon spürt niemand etwas tief im Inneren der Disco, einmal weil sie keine Fenster hat und zum zweiten …

Ralf (Regisseur, im off, genervt)
Kevin, jetzt ist aber wirklich gut.

Kevin (Drehbuchautor, im off, mit einer Kirsche im Mund)
Mein Gott, nun lass mich doch mal.

Ralf (Regisseur, im off, grenzwertig genervt)
Jetzt mach mal hinne.

Spongo latscht durch die abgedunkelte Disco, auf der Suche nach einer Beweibung. Wahllos quatscht er alles an, was einen BH trägt – oder auch nicht.

Spongo
Hallo, ich bin Spongo.

Frau
Nicht schon wieder.

Spongo geht weiter.

Spongo
Hallo, ich bin Spongo.

Die Frau, Maria, beschaut ihn von oben bis unten.

Maria (bewundernd)
Mein Gott, was du für breite Schultern hast.

Spongo (lächelt gewinnend)
Ich habe früher immer meinen kleinen Bruder verhauen. Da bleibt sowas nicht aus.

Maria (lacht)
Wollen wir ein kleines Tänzchen wagen.

Spongo
Wer ist denn der Typ da hinten, der mich so finster anschaut.

Maria (beugt sich zu Spongo vor)
Das ist mein großer Bruder. Er meint immer, mich beschützen zu müssen.

Spongo wird etwas mulmig zumute.

Spongo
Der hat aber wirklich breite Schultern.

Maria (lacht)
Wir haben ja auch jede Menge kleiner Brüder.

Spongo
Jetzt kommt er auf uns zu

Maria
Lass uns einfach tanzen gehen. Auf der Tanzfläche ist es so eng, da kommt er nicht durch.

Maria blickt sich ärgerlich zu ihrem Bruder um.

Maria (zu sich selbst)
Alles muss er mir immer versauen.

INT, Krankenhaus – noch später nachts

Das Leben geht weiter. Auch in dem Krankenhaus unserer kleinen Großstadt, die niemals wirklich schläft ...

Ralf (Regisseur, im off)
Keeevin!

Kevin (Drehbuchautor, im off)
Jau, jau

Wolle und Jenny kommen zum Empfangstresen des Krankenhauses. Jenny – völlig erschöpft – stützt sich bei Wolle auf. Am Empfangstresen sitzt Schwester Inge, ein kampferprobter

Krankenhaus-Drache.

Inge (kühl)
Na, was fehlt uns denn?

Wolle
Ja, wir haben da einen Wein getrunken oder auch zwei …

Inge
Aha!

Jenny legt mit letzter Kraft Wolle die Hand auf die Schulter, um ihm zu bedeuten, dass er für einen Moment nicht reden soll.

Jenny (mit allerletzter Kraft, sich den Bauch haltend)
Mein Kind …

Inge
Sind Sie schwanger?

Jenny nickt.

Inge (tadelnd)
Und sie haben Alkohol getrunken?

Jenny nickt. Sie will etwas sagen, öffnet den Mund …

Inge
Das ist aber nicht sehr weise.

Jenny versucht erneut etwas zu sagen.

Inge
Um nicht zu sagen: dumm!

Jetzt rüttelt Jenny an Wolle herum. Der konzentriert sich ungemein.

Wolle
Sie verträgt keinen Alkohol.

Inge
Umso dümmer.

Jenny rüttelt weiter an Wolle herum.

Wolle
Sie hat sowas wie eine Allergie gegen Alkohol.

Inge
Aha!

Jenny schickt einen flehenden Blick zu Wolle, doch der schaut sie nur verständnislos an. Jenny tritt Wolle mit ganzer Kraft auf den Fuß. Der schreit laut auf.

Wolle
Sie müssen uns helfen. Das Kind ist vielleicht in Gefahr.

Jenny sackt an Wolles breiter Schulter befriedigt zusammen.

Inge
Aha! Gut, dann wollen wir mal die Personalien aufnehmen. (an Jenny) Ihr Krankenkassen-Kärtchen bitte.

(Großaufnahme) Jenny sieht Wolle voller Verzweiflung und mit Tränen in den Augen an.

INT, Krankenhaus – am nächsten Morgen

Oliver sitzt in einem kleinen Besprechungszimmer. Ihm gegenüber Dr. Reiner Wunderland, ein junger dynamischer Assistenzarzt, der sich eifrig Notizen macht.

Ralf (Regisseur, im off, nachdenklich)
Kevin, da ist mir der Zeitsprung zu unklar.

Kevin (Drehbuchautor, im off, Kaffee schlürfend)
Dann nehmen wir eine kurze Einstellung dazwischen wie die Sonne aufgeht, und (bläst unschlüssig) zeigen eine kurzes Bild wie der Hahn kräht.

Ralf
Kevin! Wir sind hier in einer Großstadt.

Kevin
Dann nehmen wir eben die Müllabfuhr.

Ralf
Ohky, Dohky. Weiter im Text.

Reiner
Und diese Symptome haben Sie schon häufiger gehabt?

Oliver
Vor allem kommen Sie jetzt immer öfter.

Reiner
Eine Familienkrankheit, sagen Sie?

Oliver
Ja, meine Mutter versucht sich auch andauernd umzubringen.

Reiner (stammelt)
Versucht, … andauernd? Ja, klappt das denn nicht?

Oliver fährt sich resigniert mit der Hand über das Gesicht.

Oliver
Sie ist sehr ungeschickt. Neulich hat sie versucht, sich zu erhängen, ist aber vom Stuhl gefallen und hat sich den Arm gebrochen.

Dr. Reiner Wunderlands Neugier ist geweckt.

Reiner
Weiter.

Oliver
Vor drei Monaten hat sie versucht, sich zu erschießen. Sie bekam den Revolver aber nicht so richtig in den Griff. Sie ist sehr penibel, und leidet unter trockenen Händen …

Reiner
Ja …

Oliver
Deshalb cremt sie sich immer die Hände ein. Da ist ihr beim Abdrücken der Revolver in der Hand verrutscht …

Reiner
Weiter, weiter!

Oliver (mit bedrabbeltem Gesicht)
Sie hat den Kanarienvogel erschossen. Sie hing sehr an ihm. Sie wurde noch depressiver.

Reiner
Das ist wirklich sehr traurig.

Oliver
Was?

Reiner (rudert mit der Hand in der Gegend herum)
Naja, das alles. Wir werden Sie jetzt erstmal zur Beobachtung
aufnehmen und ein paar Routine-Untersuchungen durchführen. Ihr
Krankenkassen-Kärtchen, bitte.

Oliver
Wie bitte?

INT, Krankenhaus – morgens, kurze Zeit später

Ein leerer Krankenhausflur, in zartem Lila getüncht, an den
Wänden billige Reproduktionen mittelmoderner Kunst: Degas,
Monet, Manet und so Zeugs. Wolle geht unruhig hin und her. Oliver
kommt mit schleppenden Schritten den Krankenhausflur entlang
geschlichen.

Oliver
Mensch Wolle, was machst du denn hier?

Wolle
Ich bin mit Jenny hier. Wegen des Kindes.

Oliver ist verwundert.

Oliver
Du und Jenny? Ihr kriegt ein Kind?

Wolle
Nein! (denkt nach) Sie will ihr Kind ja gar nicht kriegen. (verhaspelt
sich) Jedenfalls nicht jetzt. Sie hat was getrunken.

Oliver
So'n Abtreibungszeug?

Wolle überlegt angestrengt.

Wolle
Nein, Wein.

Oliver
Mann, ist das kompliziert.

Wolle (zufrieden)
Ja. Und du, was machst du hier?

Oliver
Depressionen.

Wolle
Von deiner Mutter?

Oliver
Ja, da kommen sie her. Komm lass uns in die Empfangshalle gehen und einen Kaffee trinken.

Oliver und Wolle schlürfen in der Empfangshalle gerade an ihrem Kaffee rum, als eine Noteinweisung auf einer Barre hereingeschoben wird. Desinteressiert beobachten beide den Vorgang, bis sich auf Wolles Gesicht Überraschung breit macht.

Wolle
Das ist ja Spongo.

Die Barre steht jetzt unbeaufsichtigt in der Empfangshalle rum, während die Sanitäter Schwester Inge ein Krankenversicherungs-Kärtchen rüberreichen. Oliver und Wolle gehen zu Spongo rüber. Der ist kaum noch wieder zu erkennen. Sein Gesicht ist völlig zerbeult, mit Blutergüssen und Platzwunden übersät.

Wolle
Was ist passiert?

Spongo hat sehr viel Mühe beim Sprechen.

Spongo (bröckelt mühsam eine paar Worte hervor)
Der Bruder von Maria.

Oliver (sehr ernst)
Kenn ich. Unangenehmer Bursche. Hat mir mal aus der Straßenbahn geholfen. Doppelter Schlüsselbeinbruch.

Spongo würgt herum.

Oliver
Spuck's aus.

Spongo spuckt seitlich etwas Blut aus.

Oliver
Das ist seine berüchtigte Solarplexus-Massage.

Wolle
Tut das weh?

Oliver
Er haut dir mit seiner riesigen Faust direkt in den Magen.

Wolle
Das kann doch ganz schön weh tun, nicht wahr?

Oliver
Kann, muss aber nicht. Die meisten verlieren sofort das Bewusstsein.

INT, Krankenhaus – tags

Ein etwas größeres Besprechungszimmer, das gerade von anderem Personal verlassen wird. Thorsten und Judith bleiben zufällig zurück. Sie schauen sich mit frivolem Grinsen an.

Thorsten (süffisant lächelnd)
Und, wie geht es der Frau Oberärztin.

Ralf (Regisseur, im off, einfühlsam)
Thorsten, du sollst süffisant lächeln und nicht dämlich grinsen. Süffisant ist so ein Zwischending von überheblich und amüsiert. Das dürfte dir doch eigentlich nicht schwerfallen. (brüllt) Und Judith, hör auf so blöde rumzugackern.

Thorsten (grinst schmierig)
Und, wie geht es der Frau Oberärztin.

Judith
Gut. Und selbst? Was macht das Sexualleben.

Thorsten
Müde! (er gähnt)

Judith (streichelt ihm die Wange)
Mein armer Liebling. Muss er so hart arbeiten.

Thorsten nimmt Judiths Hand und küsst ihre Innenfläche.

Thorsten
Schade, dass das mit uns nichts geworden ist. Wir hätten alles erreichen können. Du mit deiner Hinterlist, und ich mit meiner Niedertracht.

Ralf (Regisseur, im off, angespannt)
Kevin! Für wen machen wir diese Seifenoper. Für Studienräte kurz vor der Pensionierung?

Kevin (Drehbuchautor, im off, nuckelt auf irgendwas rum)
Gefällt dir das Wort nicht?

Ralf (Regisseur, im off)
Nein!

Kevin (Drehbuchautor, im off)
Moment. Dann nehmen wir eben ... ‚blendendes Aussehen'.

Ralf (Regisseur, im off)
Weiter!

Thorsten (schielt auf den Prompter)
Schade, dass das mit uns nichts geworden ist. Wir hätten alles erreichen können. Du mit deiner Hinterlist, und ich mit meinem blendenden Aussehen.

Judith schmiegt sich an ihn, umarmt ihn und beginnt ein paar Tanzschritte.

Judith
Weißt du noch wie wir uns damals kennengelernt haben, auf dem Feuerwehrball?

Thorsten
Wie könnte ich das jemals vergessen. Eines meiner heißesten Erlebnisse.

Die Tür geht auf und Schwester Paula kommt herein. Sie sieht die beiden und bleibt wie angewurzelt stehen. Tränen schießen ihr in die Augen. Sie wirft die Op-Tupfer, die sie zufällig in der Hand hat, in Richtung Thorsten und Judith, dreht sich um und läuft raus. Dabei rennt sie Angie um, die hinter ihr im Türrahmen steht.

INT, Krankenhaus; Krankenzimmer von Spongo – tags

Spongo liegt schwer bandagiert in einem Krankenbett. Die Tür geht auf und Markus kommt herein. Er tritt nah an den Kranken heran und versucht durch die winzigen Lücken in der Bandage hindurchzuschauen.

Markus (will witzig sein)
Hallo, ist jemand Zuhause?

Spongo (wie durch einen zehn Meter langen Tunnel)
Markus, du Blödmann, schön dich zu sehen.

Markus
Kannst du denn noch was sehen?

Spongo
Wenn ich das Periskop einschalte, schon. Nee, es geht gerade so. Du bist nur ein bisschen unscharf.

Markus
Tut mir leid.

Spongo reicht Markus eine ebenfalls bandagierte Hand.

Spongo
Schön, dass du da bist. Freut mich echt.

Markus
Aber dafür sind Freunde doch da.

Spongo
Und wie?

Markus
Arbeit verloren, Freundin verloren. Jetzt setze ich alles auf eine Karte.

Spongo schaut besorgt aus der Bandage, was man aber aufgrund der Bandage nicht sehen kann.

Kevin (Drehbuchautor, im off, lutscht gerade auf einem Eis oder sowas ähnlichem herum)
Schon gut, aber ist doch egal.

Spongo
Du baust doch nicht wieder Mist, Markus?

Markus (äußerst zuversichtlich)
Diesmal bestimmt nicht. Schon mal was von ‚Silent Moments'
gehört?

Spongo
Die waren mir immer zu leise. Was ist das?

Markus
Eine Online-Partnervermittlung. Mit einer Wahnsinns-Performance.
Rennt wie verrückt. Und dann mit dem Hebel eines Turbo-Zertifikats
(ballt siegessicher die Faust)

Spongo schweigt betreten.

Markus
Ach übrigens, wie geht's DIR eigentlich?

Spongo
Ach, weißt du, ich bin da in so eine Sache verwickelt.

Markus (erstaunt)
In was für eine Sache?

Spongo
War nur ein Scherz.

Markus
Und Blümchen habe ich dir auch mitgebracht.

Spongo dreht den Kopf resigniert zur Seite.

Spongo
Wofür hat man schließlich Freunde.

INT, Krankenhaus, Besprechungszimmer – tags

Dr. Reiner Wunderland sitzt auf der einen Seite des Schreibtisches,
Jenny und Wolle auf der anderen.

Reiner (an Jenny)
Und geht es ihnen jetzt besser?

Jenny (besorgt)
Das kommt darauf an.

Reiner (sehr freundlich)
Worauf denn, bitte?

Jenny weist empört auf ihren Bauch.

Jenny
Na, darauf!

Reiner (verstört)
Was meinen Sie denn?

Jenny steht auf und beugt sich zu Dr. Reiner Wunderland hinüber.

Jenny
Darauf, wie es meinem Kind geht.

Reiner (der Verzweiflung nahe)
Aber bitte, welches Kind denn?

Jenny
Wollen Sie damit sagen, dass ich mein Kind verloren habe?

Wolle meint sich nun auch einmischen zu müssen.

Wolle
Wollen Sie damit sagen, dass sie ihr Kind verloren hat?

Dr. Reiner Wunderland ist völlig konsterniert.

Reiner
Nein, Sie haben kein Kind verloren.

In Jennys Gesicht macht sich Erleichterung breit.

Jenny
Gott sei Dank, ich habe mein Kind noch.

Reiner
Nein, verdammt! Jetzt verstehe ich erst. (er sucht nach Worten) Sie sind der Meinung, dass Sie schwanger sind?

Jennys Gesicht in Großaufnahme. Bestürzung, Verwunderung, Ungläubigkeit!

Abspann

Ist Jenny nun schwanger, oder nicht? Wenn nicht, was dann? Wie geht Oliver mit seiner Depression um, und umgekehrt? Wird Spongo wieder ganz der Alte?

Après-Dreh

Jenny kommt völlig aufgedreht und aufgelöst in die Kantine gestürzt, den Tränen nahe.

„Welches kranke Arschloch hat sich das wieder ausgedacht?"

Sie rennt auf Kevin los. Doch der hebt abwehrend die Hände, schüttelt den Kopf und deutet auf Ralf, der sich gerade einen der famosen Hamburger von Tante Trudy holt. Sie ist das Kantinenwunder und kann trotz minimalem Etats noch gutes Essen zaubern. Wir alle lieben Sie dafür.

Nun aber war Jenny drauf und dran, Ralf seinen Hamburger aus der Faust zu schlagen. Immerhin baut sie sich vor ihm auf und brüllt:

„Was fällt dir ein, mir mein Kind zu streichen."

Ralf klopft ihr beschwichtigend auf die Schulter und führt sie teilnahmsvoll zu einem Platz, wo sie sich beide setzen und er seinen Hamburger essen kann, bevor der kalt wird.

„Schau mal", mampft er vor sich hin. „Vor sieben Jahre hatten wir schon mal ein Baby in der Serie. Mit der Dana." Er denkt kurz nach. „Die ist dann später Schauspielerin geworden, glaube ich. Jedenfalls gab's mit dem Pimpf nichts als Ärger."

„Das ist mir doch egal. Weißt du, wie sehr ich mich auf den Kleinen gefreut habe. Ich habe sogar schon einen Wickelkurs gemacht."

Ralf nimmt noch einen herzhaften Bissen und lässt Jenny weitersprechen, und nickt nur verständnisvoll.

Als Angie reinkommt, wundert sich jeder über ihr blaues Auge. Sie nimmt das jedoch recht gelassen, setzt sich und fragt nur, warum Jenny sich so aufregt.

„Sie haben ihr das Kind genommen", flüstert Paula ihr zu.

„Diese Schweine", murmelt Angie und nuckelt an ihrer Cola. Spongo knallt sich rüpelhaft auf den Platz neben ihr.

„Was ist denn mit dir passiert? Hast du mich in der Schlägerszene gedoubelt?"

„Nee! Paula hatte noch die alte Skriptversion. Und da stand ich noch nicht in der Tür. Ist Kevin später noch eingefallen. Dafür habe ich jetzt ein blaues Auge. Auf dein Wohl, Kevin!", prostet sie ihm rüber. „Und nächstes Mal verteilst du lieber nicht verschiedene Drehbuchversionen. So etwas kann leicht zu Unfällen führen. Auch nach Drehschluss."

Kevin grinst entschuldigend rüber. „Hol dir eine Cola auf meine Kosten. Ich bau dein blaues Auge schon irgendwie ein."

„Ja, aber nicht so wie meinen Handgips damals", ruft Angie zu ihm rüber. Leise, mehr zu sich selbst, fügt sie hinzu: „Da hatte ich mir angeblich beim Onanieren den Finger gebrochen. Diese Schwachsinnigen!"

Reiner kommt herein und trägt immer noch den Arztkittel. Als er Angie sieht stürzt er sich gleich auf sie.

„Lass mal sehen", fordert er sie auf, als er sich ihr gegenüber hinsetzt.

„Lass bloss deine Finger von mir. Ich schlaf nämlich gerade mit deinem Chef. Wo steckt Thorsten eigentlich. Wir wollten doch zusammen ein Schinken-Sandwich essen. Der wird ja wohl keinen Rückfall bekommen, und geht wieder mit dieser Schlampe Judith ins Bett."

„Spricht da jemand von mir." Judith entert gerade die Kantine und scheint auch sonst in bester Kampflaune zu sein. Ich glaube, ich mach mich mal jetzt besser vom Acker.

Nachbarn und andere Sorgen

Nachbarn sind etwas schönes, jedenfalls wenn sie in einer Distanz wohnen, wie sie in Kanada oder Alaska gang und gäbe ist. Dieses Glück haben wir mit Frau Schröder nicht. Sie wohnt im gleichen Haus zwei Stockwerke über uns. Frau Schröder neigt zu ausführlichen Darstellungen ihrer Lebenssituation mit weitschweifigen Analysen und ausholenden Dokumentationen.

Ich weiß nicht wie sie es macht, aber jedesmal wenn ich unsere Wohnung verlasse, kommt sie zufälligerweise gerade die Treppe herunter und weiß immer was zu erzählen. So etwa Geschichten rund um ihren Yorkshier-Terrier Putzi.

Frau Schröder hub an und sprach:

Also der Putzi, das ist ja mein zweiter Yorkshire-Terrier. Der erste ist beim Waschen in den Ausfluss gerutscht. Ich hab noch so ne alte Badewanne mit nur einem Loch drin. Ein schlürfendes Geräusch und weg war er.

Beim zweiten, also hier unserem Putzi, war ich dann schlauer. Ich habe der Feuerwehr Bescheid gesagt und die haben ihn dann aus der Kanalisation gefischt, Mann, hat der gestunken. Also wieder rein in die Badewanne, gewaschen, Wasser ablassen und flutsch war er wieder weg. (kleine Pause)

Ich musste dann ein Sieb einbauen – der Feuerwehr wurde das zuviel. Und das viele Waschen ist ja auch nicht gut für das Fell … Fell? (hebt den Zeigefinger) Nein, das ist falsch, mein Putzi HAT HAARE.

Vermutlich ist er auch gar kein richtiger Hund, aber er ist ja so praktisch. Man setzt ihn in seine Tasche und nimmt ihn überall mit hin. Geht man auf ein Fest, stellt man ihn einfach auf einen Stuhl ab. Ich leg dann mein Portemonnaie in die Tasche, das ist da so sicher wie in der Bank von Schottland. Oder ist das Island? Egal. Wenn nämlich jemand mit seiner Hand zu nah an die Tasche kommt – der tut vielleicht so, als würde er bloß vorbeischlendern – dann wird Putzi ungeheuer aktiv. Und wie schnell der dann ist. Da kriegt keiner mehr seine Finger weg. Haben sie ja auch nichts zu suchen da, sag ich dann immer.

Neulich nach dem Fest von unserem Gartenverein, da mussten wir dann saubermachen. Und plötzlich war mein Putzi weg. Die Inge hat dann gemeint, dass er ja so praktisch ist, weil man mit ihm in jede Ecke kommt. Ich hab sie dann noch ermahnt, den Putzi im Eimer nicht so lange unter Wasser zu halten. Er hat ja nur sooo kleine Lungen. (lacht herzlich)

Aber zu mir ist er ja sooo lieb. Immer kommt sofort seine kleine rosa Zunge raus und er fängt an zu lecken. Das kitzelt so schön (lacht) am Finger.

Nur das Gassigehen kann manchmal etwas lästig werden. Ich meine, es handelt sich ja nur um kleine Mengen, aber die müssen ja raus. Ich wohne nunmal im dritten Stock, wie Sie ja wissen, und da hab ich ihm jetzt beigebracht wie er die Treppen allein raufsteigen kann. Für Putzi ist das eine ganz schöne Leistung. Aber er ist ja zäh. Dafür geht's aber auch leicht runter, denn ich hab ihm so einen kleinen Fallschirm gebaut. Ein altes Handtuch, ein paar Schnüre dran und so ein süßer kleiner Gurt für Putzi. Da sieht er richtig goldig aus, wenn er runterschwebt. WENN er runterschwebt. Wie leicht sich die Schnüre verheddern, glaubt man ja gar nicht. Aber der Putzi ist ja sooo ein Leichtgewicht. Der schwebt fast ohne Fallschirm.

Aber auch im Supermarkt ist man vor Frau Schröder nicht sicher. Neulich kam sie mir in einem Gang direkt entgegen. Ein Ausweichen war nicht mehr möglich. Aber ihr Blick wanderte noch zwischen den Regalen hin und her. Mir fiel plötzlich ein, dass ich unbedingt noch braune Schuhcreme brauchte. Die steht ganz unten im Regal, und da ich keine alte Schuhcreme wollte, kramte ich ganz hinten herum, man kennt ja die Tricks von den Supermärktlern, das Frische steht immer ganz hinten.

Obwohl ich nun also praktisch mit meinen ganzen Oberkörper in der Schuhcreme verschwunden war, hat sie mich doch entdeckt.

„Kann ich Ihnen helfen, Herr Bloom?"

Nein, nun war mir nicht mehr zu helfen.

„Nein, Frau Schröder. Sie auch hier? Welch ein Zufall."

Ja, sie müsse sich irgendwie abreagieren, beim Einkaufen ginge das am besten, sie habe sich so aufgeregt über ihre Clique.

Frau Schröder hub an und sprach.

Also die Doris, die macht mich noch ganz kirre. 68 Jahre alt, aber sowas von hinter den Kerlen her, als wären die morgen ausgestorben. Und jünger müssen die natürlich sein. ‚Da muss vorne mindestens eine fünf stehen, eine sechs sieht nicht nur so aus wie ein Kringelschwänzchen', sagt sie immer. Und die weiß ja alles über Erektüle Düssfunktion, wie das heute heißt. Wir haben doch früher einfach ‚Schlappschwanz' gesagt. Und wie das alles zusammenhängt mit dem Blutdruck.

Also die Doris, die fragt einen Mann erst nach seinem Alter und dann sofort nach seinen Blutdruckwerten. Bei über 160 zu 100 bricht die sofort das Gespräch ab. Verlorene Zeit, sagt sie. ‚Und davon hast du ja nicht mehr soviel', sage ich dann immer. Das ärgert sie. Dass ich drei Jahre jünger bin, daran kann ich ja auch nichts machen.

Neulich hat mich der Paul im Gartenverein ein bisschen hofiert. Hat das die Doris geärgert. Dabei trage ich ganz normale Sachen, BHs und so. Aber die Doris hat natürlich so einen ganz spitz zulaufenden BH. ‚Wie lange brauchst du denn morgens, bis du da deine Schlabbertüten reinbugsierst hast', frage ich sie manchmal. Ja, ich nehm da auch kein Blatt vor den Mund. Warum auch?

Aber als sich der Paul im Gartenlokal ‚Sonnenschein', das ist unser Vereinsheim, zu mich gesetzt hat, da kam sie doch gleich angewackelt, und hat sich immer so über den Tisch gebeugt, dass der Paul möglichst ihre hochgequetschten Brüste sehen konnte – Pussy ab, oder wie das heute heißt. Ich bin dann sauer geworden und habe zu ihr gesagt, sie solle sich nicht immer so stark vorbeugen, nachher fällt ihr noch eine Brust raus und erschlägt meinen kleinen Putzi. Der saß da gerade sooo lieb zwischen unseren Füßen.

Ja, der Paul, das ist genau ihre Kragenweite. 58 Jahre alt und blendende Blutdruckwerte: 140 zu 85. Und das ohne Medikamente. Da lief der Doris natürlich das Wasser unter der Brücke zusammen. Und weil der Paul so Wert legt auf Kultur, hat sie dann alles rausgekramt,was sie mal so gelesen hat. Aber Konsalik und Pilcher, das hat den ja kalt gelassen. Aber sie sei auch mal in einer Oper gewesen.

‚Aber das ist doch schon vierzig Jahre her, Doris", habe ich da gesagt. ‚Damals warst du schon dreißig, oder so, nech.' Ich kann den Paul doch nicht so ins offene Messer laufen lassen. Das ist doch Betrug, was die so betreibt. Verspricht dem Paul einen leckeren saftigen Pfirsich, und wenn er mit dem Auspacken fertig ist, findet er ein paar vertrocknete Rosinen.

Aber Männer sind ja so blöd. Entschuldigen Sie, wenn ich das so offen sage. Da sieht man doch immer wieder welcher Körperteil bei euch den Ton angibt. Beim letzten Gartenfest hat Doris dann alle Register gezogen. Sogar mit den Augen geklimpert hat sie. Der Paul hat natürlich die Knittergeräusche nicht gehört. Dabei klang das jedesmal so, als wenn man eine Papiertüte zusammenknüllt. Als die beiden dann gegangen sind, hat sie mir ganz kokett zugewinkt.

Eben hat sie mich angerufen. Sie war ganz aufgeregt, musste mir unbedingt von ihrer Liebesnacht erzählen. Also das ist schon widerlich, wenn Menschen nicht in Würde altern können.

5. Drehtag

INT, Krankenhaus, Krankenzimmer Spongo – tags

Markus verabschiedet sich von Spongo, der nun im Bett sitzt und aussieht wie die MUMIE.

Markus
Dann mach's gut Spongo. Viel Spaß noch, und mach erst dann eine Krankenschwester an, wenn du weißt, dass ihr großer Bruder nicht in der Nähe ist. (lacht)
Markus winkt und verlässt dann freudestrahlend das Krankenzimmer. Als er auf dem Flur wieder hochblickt erstarrt seine Mimik. Ihm kommen Jenny und Wolle entgegen. Jenny lehnt sich dabei leicht bei Wolle an. Nach einigen Schritten entdeckt auch Jenny ihren (Ex-)Freund. Markus geht auf die beiden zu.

Markus (verwundert)
Hallo, Jenny. (Richtung Wolle, nebenbei) Hallo, Wolle. (wieder an Jenny gerichtet) Was machst du denn hier?

Jennys Blick ist schmerzverschleiert. Nur mühsam kann sie antworten.

Jenny (schwach)
Hallo, Markus. Was machst du hier?

Markus (nachsichtig)
Also, ich habe zuerst gefragt. Fang nicht gleich wieder Streit an.

Wolle (zerknirscht)
Wir sind hier wegen des Kindes.

Markus (verwundert)
Was für ein Kind?

Jenny setzt an, um zu sprechen, schaut jedoch nur kurz Markus an, und blickt dann zu Boden.

Wolle
Sie hat es verloren.

Markus (runzelt die Stirn)
Wo habt ihr ein Kind verloren? Ihr habt ein Kind gesucht? Und hier

im Krankenhaus gefunden?

Wolle überlegt verzweifelt. Jenny bedeckt mit der Hand schützend ihre Augen.

Wolle
Es war gar nicht da.

Markus schaut abwechselnd Wolle und Jenny an.

Markus
Also, ihr ward froh, dass das Kind, was ihr verzweifelt gesucht habt, nicht ins Krankenhaus eingeliefert wurde. Kann ich verstehen.

Jenny hält weiterhin ihre Hand vors Gesicht und schüttelt langsam den Kopf. Wolle wedelt nach einer Erklärung suchend, mit dem Arm herum.

Wolle
Das Kind gibt's gar nicht.

Markus (denkt nach)
Aha! Also, das Kind welches ihr verloren habt, und das ihr zum Glück nicht im Krankenhaus wiedergefunden habt, existiert gar nicht.

Markus beugt sich mitfühlend zu Jenny hinab, die weiterhin ihre Augen mit der Hand bedeckt und nun das Gesicht schmerzhaft verzieht. Er legt ihr die Hand auf die Schultern.

Markus
Kein Wunder, dass du Kopfschmerzen hat. Wo ihr gerade hier seid, solltest du dich mal behandeln lassen. Ich muss wieder los.

Markus geht den Flur entlang, dreht sich jedoch nochmal um.

Markus (gutgelaunt)
Übrigens, ich hole dann noch meine Sachen ab. Du bist sicher froh, wenn du endlich alles los bist, das etwas mit mir zu tun hat.

Markus geht weiter den Flur entlang zum Ausgang. Jennys Gesicht in Großaufnahme. Sie sieht Markus hinterher. Aus jedem Auge kullert eine einzige kleine Träne.

INT, Krankenhaus, Besprechungszimmer – tags

Dr. Reiner Wunderland bespricht mit Oliver dessen depressive Störungen. Vor dem Arzt liegen verschiedene CT- und MRT-Aufnahmen, die er aufmerksam durchschaut.

Reiner
Ja, man muss schon genau hinsehen.

Oliver
Was meinen Sie?

Reiner (munter)
Zunächst schauen wir uns einmal das potentielle Tumorgeschehen an.
Oliver
Tumor? Krebs?

Reiner (verwundert)
Ja! Natürlich!

Oliver ist bestürzt.

Oliver
Auf diesen Bildern sehen Sie Krebs?

Reiner (munter)
Klar doch. Sehen Sie zum Beispiel hier. Ein unscheinbares Pünktchen.

Oliver (entsetzt murmelnd)
Ein Tumor ...

Dr. Reiner Wunderland bekommt dies gar nicht mit, weil er in die Betrachtung des Kernspin-Aufnahme versunken ist.

Reiner (nachdenklich)
Erst neulich hatte ich einen Patienten, da fing es auch so harmlos an, und dann plötzlich ... (er schaut Oliver an, und stellt mit beiden Händen eine Explosion dar)

Der Piepser von Dr. Reiner Wunderland klingelt.

Reiner (ins Telefon)
Was? Ach, du liebes bisschen. Ich komme sofort.

Dr. Reiner Wunderland steht auf und kramt dabei die Bilder

zusammen. Oliver starrt besinnungslos vor sich hin.

Reiner
Es tut mir leid, ein dringender Notfall. Frau Suhrbier verliert unablässig Flüssigkeit. Heute ist es Blut. Wir können unsere Besprechung ja nachher fortsetzen. Genießen Sie doch noch ein wenig den Frühling draußen. Es geht ja alles so schnell vorbei.

Oliver steht da, wie vom Donner gerührt. Nach Dr. Reiner Wunderland verlässt auch er den Raum wie in Trance.

INT, Krankenhaus, Café – tags

An einem Tisch im Cafe sitzen Dr. Malle (Ralf, der Regisseur) und ein älterer Patient, Dr. Schwarz.

Schwarz
Ohne Galle ist man doch gleich ein anderer Mensch. Wenn ich bedenke wie oft mir das Ding früher übergelaufen ist.

Dr. Malle
Wie schön,dass wir in der Medizin da angelangt sind, wo wir bei unseren Immobilien erst noch hinkommen müssen: Dass wir alles rauswerfen, was uns nervt. (lacht)

Schwarz (ernster werdend)
Wie läuft unser Projekt?

Dr. Malle
Nach Wunsch. Unsere Fischlein haben den Köder geschluckt und hängen an der Leine. Jetzt müssen wir etwas Gas geben, damit ihr Appetit gesteigert wird, und sie uns alles geben, was sie haben.

Schwarz
Wieviel müssen wir noch reinpumpen?

Malle schaut an die Decke und lächelt wissend.

Dr. Malle
Zwei, drei Milliönchen müssten reichen.

Schwarz
Und was macht unser Zugpferd?

Dr. Malle
Die Leute sind von Silent Moments begeistert. Das ist unser dickster Wurm.

Hinter den beiden Männern wird Spongos Gesicht herangezoomt. Er steht hinter einer mannshohen Zimmerpalme, und macht ein entsetztes Gesicht, was aber aufgrund der Bandage nicht zu sehen ist.

Ralf (Regisseur, im Moment Dr. Malle, steht auf und geht zu Spongo rüber, brüllt)
Wer hat denn den so zugewickelt? Da kriegen wir doch keine Emotionen rüber.

Paula betritt das Cafe und geht zu Ralf.

Paula
Du hast selber gesagt, es soll dramatisch aussehen. Und das tut es ja wohl auch. Außerdem darfst du ihn hier in der Kantine doch nicht erkennen.

Ralf will sich aufregen, beherrscht sich jedoch ausnahmsweise.

Ralf (mit leicht verkniffenem Mund)
Das mit dem Belauschen haben wir doch schon viel plumper gemacht. Wo plötzlich ein Kopf unter dem Mülltonnendeckel hervorlugt und kein Schwein weiß, was der Typ da drin eigentlich zu suchen hat. Hörst du, Paula, wickel ihm ein Auge zu, meinetwegen noch die Stirn, und das reicht. Lass ihn aber nicht so aussehen wie Jonny the Depp. Das ist hier keine Piratensendung. (laut) Wenn Paula mit Spongos Kopfschmuck fertig ist, machen wir nur die letzte Einstellung nochmal. Und du, Spongo, guckst richtig schön entsetzt. (Richtung Kamera, sanft lächelnd) Und komme ich gut? Richtig schön böse?

Stimme (weiblich, im off)
Aber hallo! Wie immer.

INT, Krankenhaus, Krankenzimmer Oliver – tags

Judith betritt Olivers Krankenzimmer. Der steht am Fenster und stiert regungslos hinaus. Judith hat eine kleine Kiste dabei.

Judith
Jetzt ist aber langsam Schluss mit Trübsal blasen.

Sie geht zu Oliver und massiert ihm die Schultern.

Judith
Wär doch gelacht bei so einem strammen Kerlchen.

Oliver dreht sich langsam zu ihr um. Sein Gesicht ist zu einer Maske mit Namen Depression erstarrt. Die Worte plumpsen träge aus seinem Mund.

Oliver
Ja, jetzt ist langsam Schluss.

Judith will ihn aufheitern und tätschelt ihm gutmütig die Wange.

Judith
So einen kleinen Hänger hat doch jeder mal. Ein paar Antidepressiva eingeworfen und die Lebensfreude kocht wieder hoch.

Oliver
Oder der Ofen ist aus.

Judith deutet auf ihr kleines Kästchen.

Judith
Vielleicht heitert dich ja unser kleines Spielchen wieder auf.

Oliver
Was?

Judith
Du weißt doch noch. Biene Maya macht BUH bei Thorsten, der wird rot und wir beide schlürfen Champagner.

Sie schaut Oliver genau an, um seine Reaktion zu testen, findet in seinem Gesicht jedoch nur gähnende Leere.

Judith
Pass auf, ich hab gesehen, dass du heute abend mit Thorsten und Dr. Alice einen Besprechungstermin hast. Du weißt schon: „Was weiter im aussichtslosen Fall" undsoweiter.

Oliver wird hellhörig und schaut Judith aufmerksam an.

Judith
Dazu nimmst du dieses Kästchen hier mit und drehst den Film ‚Free

Maya', und lässt den kleinen Schwertwal fliegen. Ich bin da gerade weg, treffe aber rechtzeitig ein, um die Wettschuld einzufordern.

Judith bedenkt Oliver noch einmal mit einem zuckersüßen Blick.

Judith
Machst du das, mein Schatz?

Oliver (gleichgültig)
Jaja.

INT, Krankenhaus, Besprechungszimmer – nachmittags

Paula und Angie sitzen am Tisch im Besprechungsraum und sortieren Papiere in Patientenakten ein. Angie hat zwei blaue Augen, also Blutergüsse um beide Augen. Sie macht einen griesgrämigen Eindruck.

Paula
Warum hast du denn zwei blaue Augen?

Angie (sauer)
Das muss mit meinen Eltern zusammenhängen.

Paula
Nunmal ernsthaft.

Angie
Das liegt an unserem neuen Oberarzt, Dr. Maus.

Paula
Ist das der Typ mit dem Krückstock?

Angie
Genau der.

Paula
Der so einen griesgrämigen Eindruck macht.

Angie
Nur wenn er gutgelaunt ist.

Paula
Und was hat der mit deinen Augen zu tun?

Angie
Medizin ist Ding, Dong, Dang.

Paula schaut völlig verwirrt drein.

Angie
Ding ist die brillante Diagnose. Dafür ist er zuständig. Dong und Dang sind Bettpfannenwechseln und Fiebermessen.

Angie deutet auf Paula und sich selbst.

Angie
Der Herr will damit sagen: Das ist unser Job.

Paula (mit Fragezeichen in den Augen)
Ja, aber ich versteh nicht…

Angie hebt gebieterisch die Hand. Sie setzt sich Paula direkt gegenüber hin. Dann stützt sie sich mit der Hand auf den Griff eines imaginären Krückstocks, wirbelt diesen nach oben und packt den Stock. Mit dem Zeigefinger der linken Hand zeigt sie Paula den Griff, der nun oberhalb ihrer Hand direkt vor Paulas Augen schwebt.

Angie
Dong, Dang

Sie haut Paula mit dem imaginären Griff jeweils einmal auf jedes Auge. Paula ist empört.

Paula
Aber das ist doch Körperverletzung.

Angie
Er nennt es Ausbildungsbeihilfe.

Paula
Was wirst du machen?

Angie
Ich halte mich von Männern mit Krückstöcken fern.

Paula überlegt einen Moment. Dann schielt sie listig zu Angie rüber.

Paula
Ich finde ohnehin, wir sollten es den Herren Ärzten ruhig mal zeigen,

und ihr schwindelerregendes Selbstbewusstsein etwas ankratzen.

Angie
Und wie?

Paula nimmt zwei Blatt Papier aus einer Akte und schiebt sie in eine andere rein. Paula lacht gehässig.

Paula
Befunde vertauschen. Da kriegen sie jede Menge Ärger. (schnaubt zufrieden)

Angie lächelt Paula freudestrahlend an.

Angie
Man gönnt sich ja sonst nichts.

INT, Wolles Flat – abends

Wolle und Jenny sitzen in Wolles riesiger Wohnschlafküche. Jenny lehnt sich an Wolle an, der das befriedigt, aber leicht irritiert zur Kenntnis nimmt.

Jenny
Alles habe ich verloren. In so kurzer Zeit.

Wolle
Aber du hast doch noch mich.

Jenny
Wen?

Wolle (verzweifelt fragend)
Mich?

Jenny
Ach so! Ja!

Wolle seufzt zufrieden. Jenny schaut auf die Uhr.

Jenny
Wo Kathy nur bleibt?

Es klingelt. Jenny springt auf, rennt zur Tür und öffnet sie.

Jenny
Da bist du ja endlich.

Jenny geht zurück zum Sofa, gefolgt von Kathy, die ein angespanntes Gesicht macht, jedoch immer wieder gespreizt lächelt, wenn sie Jenny direkt ins Gesicht sieht. Beide setzen sich.

Kathy
Du machst vielleicht Sachen. Ja, spinnt denn dieser Gynäkologe völlig? Dreht dir ein nicht vorhandenes Kind an.

Kathy macht ein entrüstetes Gesicht.

Jenny (mit nachdenklich verzogener Schnute)
Erst wollte er Tierarzt werden. Nach ein paar Semestern Tunnelbauingenieur hat er schließlich auf Gynäkologie umgesattelt.

Kathy schüttelt nachdenklich den Kopf.

Kathy
Aber vielleicht ist es ja besser so.

Jenny schaut Kathy böse an.

Jenny
Das finde ich gar nicht. Das mit Markus kriege ich schon wieder hin.

Kathy
Aber du sagtest doch, er sei so ein Versager.

Jenny
Besser ein Versager als gar kein Mann. (lächelt) Außerdem konnte er ein paar Sachen richtig gut.

Kathy lacht auch.

Kathy
Das kann man wohl …

Kathy verkneift sich den Rest und sieht ihre Freundin schuldbewusst an. Die schaut tadelnd zurück. Sogleich hellen sich Jennys Gesichtszüge aber wieder auf.

Jenny (freudestrahlend)
Du hilfst mir, Markus wieder zurückzugewinnen …

Kathy lächelt zurück, aber ihr Lächeln hat ein paar eklatante Haltungsfehler, was Jenny jedoch nicht bemerkt.

Kathy (resigniert-verkniffen)
Klar, wofür sind Freunde denn sonst da.

INT, Krankenhaus, Besprechungszimmer – abends

Oliver sitzt im Besprechungszimmer Thorsten gegenüber. Der blättert mit ernstem Gesicht in Olivers Krankenakte herum.
Thorsten
Dr. Wunderland ist immer noch verhindert. Eine seiner Patientinnen ist extrem inkontinent geworden. Das stellt leider sehr hohe Anforderungen an die Schwestern, Ärzte und das Abwassersystem.

Oliver
Ich möchte dennoch gerne wissen, was rausgekommen ist. Dr. Wunderland hat sich heute vormittag ziemlich verwaschen ausgedrückt. Da ist mir die Sitzfläche etwas auf Grundeis gegangen.

Thorsten
Tja, ich bin selber ganz verwundert. (zögert) Aber laut Befund ist von einem Glioblastom die Rede, mein Lieber. Das ist ein Gehirntumor der unerfreulichen Sorte.

In dem Raum senkt sich eine geräuschvolle Stille herab.

Ralf (Regisseur, im off)
Kevin! Das heißt einfach: Sie schweigen kurz. Bei uns wird eh nur ganz kurz geschwiegen. Für eine geräuschvolle Stille haben wir weder Zeit, noch die Charaktere oder die Darsteller. Weiter, bitte!

Thorsten
Das war doch wieder eine Beleidigung, stimmt's?

Ralf (Regisseur, im off, brüllt)
Weiter, bitte!

Oliver (entschlossen)
Wie lang habe ich noch zu leben?

Thorsten (nachdenklich)
Das liegt in Lottes Hand.

Oliver
Häh?

Ralf (Regisseur, im off, brüllt)
Gottes, verdammt nochmal, Gottes Hand!

Thorsten
Die Patricia lässt den Prompter aber auch so schnell laufen. Und die Schrift macht sie immer ganz klein.

Patricia (im off)
Völliger Quatsch. Für unseren Analphabeten habe ich die Schriftgröße schon bis zum Anschlag aufgerissen.

Ralf (Regisseur, im off)
Noch einmal, bitte!

Thorsten macht ein angesäuertes Gesicht.

Thorsten
Das liegt in GOTTES Hand.

Oliver
Geht's auch etwas präziser?

Thorsten
Ein paar Monate, vielleicht ein halbes Jahr.

Oliver blickt niedergeschmettert zur Seite.

Ralf (Regisseur, im off, genervt)
Oliver: Niedergeschmettert, nicht beleidigt. Du hast eben dein Todesurteil vernommen, nicht der 1. FC Köln hat verloren. Guck mal zur Seite, ja, und jetzt bist du innerlich zerstört. Denk an deine kranke Mutter. – Denk an einen geliebten Menschen, den du verloren hast. – DENK an die hungernden Kinder in Afrika. – Jemand hat in dein neues Auto eine Beule gefahren. – JAAAHHH, Gut so! Habt ihr das?

INT, Krankenhaus, Flur – abends

Oliver läuft wie ein Zombie über den Krankenhausflur. Oberärztin Judith kommt ihm entgegen.

Judith
Und? Hat es geklappt?

Oliver (teilnahmslos)
Was?

Judith (nachdrücklich)
Na, das mit der Biene?

Oliver (teilnahmslos)
Jaja.

Judith
Es hat dir jemand gesteckt, nicht wahr.

Oliver (verwundert)
Was?

Judith
Na, das mit Thorstens Bienengift-Allergie.

Oliver (nachdrücklich)
Waaas?

Judith
Deswegen brauchst du nicht so deprimiert zu sein. Hier steht doch in jedem Zimmer ein Notfallset. (lacht) Hoffe ich wenigstens. (lacht noch mehr) sonst hast du ihn tatsächlich umgebracht. (schüttet sich aus vor Lachen) Dann hast du endlich einen Grund so deprimiert zu sein. Bis später.

Judith läuft den Flur entlang und kriegt sich nicht mehr ein vor Lachen. Oliver starrt ihr völlig entgeistert hinterher.

Abspann
Überlebt Thorsten die Injektion von Biene Maja? Wie sehen Olivers Zukunftspläne aus? Und bekommt Jenny ihren Markus zurück? Und das ausgerechnet mit Kathys Hilfe?

Après-Dreh
An diesem Abend sind nach Drehschluss alle ziemlich erschossen. Spongo flöst sich zwar wie üblich sein Bier ein. Thorsten und Reiner sitzen lässig mit ihren Arztkitteln in der Gegend herum. Kathy

macht sich über Angies zwei blaue Augen lustig und über ihren Text. „Was soll denn das sein, ein Krankenhaus oder eine Musikschule? Ding, Dong, Dang. Ich glaube, wir müssen Kevin mal auf Urlaub schicken."

„Der Fisch stinkt vom Kopf her", bruddelt Angie vor sich hin. „Wo sind denn eigentlich unsere Oberdeppen?"

Tatsächlich, weder Kevin noch Ralf sind irgendwo zu sehen. Als sie auftauchen, sind sie wild am gestikulieren und diskutieren.

Judith besieht sich Kevin, während er vorbeiläuft, als ob er tatsächlich ein stinkender Fisch wäre. Ich glaube, unser Drehbuch-Fuzzi muss sich bald nach einer anderen umsehen, wenn ihn mal wieder irgendwelche Kopulationsgelüste packen. Aber im Moment hat er anscheinend andere Sorgen.

Ralf bestellt sich zwei Hamburger und drei Bier bei Tante Trudy, lässt sich von ihr die Wange tätscheln (alles im Preis mit drin) und setzt sich an einen Tisch. Nach kurzer Besinnungspause brüllt er: „Alles mal herkommen." Seine Stimme hat etwas resigniert-bedrohliches.

„Wie ihr alle wisst, haben wir einen neuen Programmchef. Und neue Programmchefs haben immer fürchterlich neue Ideen. Manchmal sind sie neu, manchmal auch nur fürchterlich." Er schiebt sich einen halben Hamburger rein und spült mit Bier nach.

„Jedenfalls gibt es in unserer netten kleinen Daily Soap, die den Girlie, Girlie, Girlies eine unentbehrliche Lebenshilfe ist, eine grundlegende Konzeptänderung. Man hat in der Geschäftsleitung jetzt entdeckt, dass es noch ein Leben nach dem 25. Lebensjahr gibt. Selbst nach der harten Demarkationslinie des 49. Lebensjahres, sollen noch humanoide Konsumformen beobachtet worden sein. Kurz: Wir fahren ab jetzt auf mehreren Generationen. Weiterhin …" er hebt die Hände wie ein Volkstribun, der die Begeisterung eindämmen muss, dabei hat lediglich das große Maulen angefangen. Mehr Generationen bedeutet mehr Schauspieler; mehr Schauspieler wiederum führen zur Schrumpfung der eigenen Rolle.

Und damit das alles nicht zu geordnet verläuft, soll die neue Konzeptorder sofort umgesetzt werden. Ralf erzählt noch ein wenig von den neuen Schauspielern, die schon engagiert sind, und tatsächlich ab der nächsten Woche zur Verfügung stünden. Dass Kevin sich mit seinem Stab, „also ich meine: seinem Drehbuchteam", übers Wochenende in eine Ferienhütte zurückzieht, und dass wir am Montag morgen zeitig da sein sollen, damit wir ausnahmsweise mal unseren Text vorher wenigstens einmal gelesen hätten und nicht alles vom Prompter ablesen müssten, was immer wieder zu „fürchterlichem Wortsalat führt, weil es einige ja auch mit dem Lesen nicht so haben."

Und übrigens noch: Schönes Wochenende."

Sex, Liebe, Leidenschaft –
und ein bisschen Evolution

Seitdem in Europa die kriegerischen Auseinandersetzungen nicht mehr alle Energien verzehren, ist die Sexualität zunehmend in den Mittelpunkt des Interesses gerückt. Zumindest eine ganze Weile. Es war ein wenig so, als wenn die Kirschen in Nachbars Garten nur so lange attraktiv waren, wie sie zu den verbotenen Früchten gehörten. Öffnete man die Tore und lautete die Devise ‚Jetzt mal ran an die Bouletten', konnte man zwar zunächst eine gesteigerte sexuelle Aktivität beobachten, die sich aber schnell wieder verlor. In der jüngeren Vergangenheit hatte man eher den Eindruck, dass es den heranwachsenden Jungs erheblich wichtiger war, ihre Autos tiefer- als ihre Freundinnen flachzulegen.

Darauf musste letztendlich auch die Psychologie reagieren. Wurde sie doch über Jahrzehnte nicht müde zu erklären, dass Männer nur deshalb solche Fußball-Fanatiker seien, weil sie das beleerte Rund an die weibliche Brust erinnere und Fußball somit eine, wenn schon nicht sublimierte, dann eben verrohte Auslebung des Sexualtriebes sei. Heute, so die moderne Version der Bedeutungsverschieber, wäre alles umgekehrt. Angesichts der entblößten Brust seiner Frau fällt dem Mann siedend-heiß ein, dass er sich jetzt sehr beeilen muss, will er zum Anstoß seines Lieblings((!)-Vereins) nicht zu spät kommen. Letztendlich aber wurde die Beziehung zwischen weiblicher Brust und den heutigen High-Tech-Spielgeräten zunehmend undurchsichtiger, bis selbst die allwissende Psychologie diesen Gegenstand – wie sie hoffte: unbemerkt – unter den Tisch fallen ließ. Liebe, Sexualität zumal, blieb letztendlich das, was es immer gewesen war: ein Rätsel.

Wenn etwas ins mystische Dunkel des erschreckend Unerklärlichen entschwebt, so bemühte man früher den Schamanen, eine Hexe oder was sonst gerade verfügbar war, um – mit Hilfe von geworfenen Knochen oder gut verwirbeltem Schwefeldampf – etwas Licht in die Angelegenheit zu bringen. Für gehobene Ansprüche boten in der Folgezeit Metaphysik, Philosophie und später dann die Naturwissenschaften dieselben Dienste an. Nachdem aber klar war, dass auch komplexeste Wissenssysteme wohl jede Menge Wissen produzieren, die entscheidenden Fragen aber leider auch nicht beantworten können, werden diese mittlerweile in Umfragen einer mehr oder minder umfassenden Lösung zugeführt. Dazu gehören natürlich unbedingt: ‚Was ist Liebe?' oder: ‚Was finden Frauen an Männern eigentlich attraktiv?'

Wohl liefern solche Umfragen ebenfalls keine Antworten auf diese drängenden Fragen, aber sie sorgen zumindest für Gesprächsstoff unter den Paaren und werfen manchmal neue Fragen auf. Zum Beispiel: Warum habe ich diesen Deppen/diese blöde Ziege überhaupt geheiratet?

Ein beliebter Tatort für die Besprechung solcher Umfrage-Ergebnisse ist der sonntägliche Frühstückstisch. Wie meist üblich sitzt sich das gestandene Ehepaar gegenüber, sie liest die Zeitung und er peilt verträumt in der Gegend herum.

Sie: „Hier wurde eine Umfrage gemacht."

Er: „Ach." (ein Loriotsches ‚Ach')

Sie: „Wovon sich Frauen bei Männern angesprochen fühlen."

Er rutscht auf seinem Stuhl hin und her und lässt seinen Mund kritisch einmal in der unteren Gesichtshälfte kreisen.

Sie blickt von der Zeitung auf, schaut kurz zu ihrem Mann hinüber.

Sie: „Und was Frauen an Männern sexuell anziehend finden."

Er wischt sich Brotkrümel von seinem stattlichem Bauch, denkt nur kurz an das verschattete Dasein darunter und gibt sodann undefinierbare Grunzlaute von sich.

Er: „Kann ich mir schon denken. Knackiger Arsch und so'n Ding."

Mit verbittertem Mund hält er seine beiden Hände eine halben Meter auseinander.

Sie: „Nein. Seltsamerweise nicht. Der Knackarsch spielt gar nicht eine so große Rolle. Und die Größe des männlichen Geschlechtsorgans", dabei hebt sie kurz die Augen, er hingegen senkt sie, „auch nicht."

Er grinst schmutzig, dann jedoch macht sich ein Fragezeichen auf seinem Gesicht breit.

Er: „Aber was finden Frauen denn sonst an Männern attraktiv?"

Sie: „Eine berechtigte Frage. Die hier zu Wort kommenden Frauen legen sehr viel Wert auf das Einfühlungsvermögen ihres Sexualpartners."

Er: „Einfühlungsvermögen?"

Sie: „Das ist, wenn die Frau mit Sorgen nach Hause kommt und sich der Mann mit der Frau unterhält – statt Fußball zu schauen."

Er: „Ach so."

Sie: „Sehr viel Wert legen Frauen auch auf Sauberkeit." Sie schaut ihren Mann streng an. „Das ist, wenn man sich regelmäßig wäscht –, wobei regelmäßig nicht heißt, einmal pro Woche."

Er: „Jaja, ich weiß."

Sie schaut ihn fast mitleidig an.

Sie: „Es tut mir leid, dass ich dir keine besseren Nachrichten übermitteln kann."

Sie blickt ihren Mann noch einmal mit schockgefrorenem Blick an und widmet sich dann wieder ihrer Zeitungslektüre. Der Mann schaut trotzig drein.

Er (wild entschlossen): „Es gibt aber auch Frauen, die wollen erbarmungslosen, schmutzigen Sex."

Sie blickt überrascht auf. Er wackelt etwas mit dem Kopf und stochert mit dem Messer in der Frühstücksbutter herum.

Dass Männer bei Pornos schwach werden, da können sie übrigens gar nichts für. Schuld daran ist das sogenannte Belohnungssystem, eine intrigante Einrichtung im Gehirn, die den Menschen beglückt, wenn dieser macht, was das Belohnungssystem will. Das schüttet dann ordentlich Dopamin aus, und das wiederum macht ungemein happy – oder sowas ähnliches.

Neben den zahllosen Umfragen sorgt nämlich ebenfalls die Hirnforschung für Orientierung in der verworrenen Welt. Und die Hirnforschung hat jetzt herausgefunden, dass bei Männern, wenn sie Pornos betrachten, das Belohnungssystem zuschlägt – bei Frauen hingegen wenig bis gar nicht. Die können also auch nichts dafür, dass sie Pornos meist blöd finden.

Die wirklich überraschende Nachricht der Sexualforschung aber: Männer sehen sich Gesichter bei Pornofotos wesentlich länger an als Frauen. Allerdings ist nicht ganz klar, ob dies nicht etwa daran liegt, dass die Frau schon längs die Zimmertapete grässlich findet, während der Blick des Mannes noch irgendwo am Kinn rumdümpelt bevor er flugs zu den Brustnippeln überspringt.

Die dritte Säule, welche das dringend benötigte Licht ins Dunkel einer bizarren Liebeswelt bringt, sind die Ratgeber. Ob Partnerschaft, Sexualität oder die erfolgreiche Anmache, noch zum kleinstem Thema gibt es ein Buch mit 250 Seiten. Und so stehen sie denn alle im Bücherregal nebeneinander, gefühlsnah und lebensecht. „Fünf Schritte zum Endlos-Orgasmus" lehnt lässig an „Wie ich endlich meinen Fußpilz besiegte" und „Als ich meiner Frau einmal zuhörte" bedeckt schamhaft den Klassiker „Erfolgreiche Anmache in jeder Lebenssituation".

Hinsichtlich der Sexualität erweisen sich diese Ratgeber jedoch häufig als falsch oder schlichtweg unpraktikabel. Als ein Zeichen guter Gene, so der versierte Ratgeber, gilt die ebenmäßige, symmetrische Gestaltung der Körpermaße. Sie machen deshalb darauf aufmerksam, dass Frauen zur Abmessung der Ohren- und Armlänge des auserwählten Mannes – auch und gerade beim Blinddate – stets ein Maßband mit sich führen sollten. In welcher Situation der vorgeschlechtlichen Phase dieses jedoch zur Anwendung kommen sollte, darüber schweigen sich diese Ratgeber geflissentlich aus.

Sexualität ist jedoch, wie kaum ein Thema, von Stereotypen durchzogen. Ein klischeehaftes Vorurteil, welches immer noch ventiliert wird, lautet, dass Männer immer dann wollen, wenn Frauen gerade ihre Kopfschmerzen haben. Dies trifft aber nur die halbe

Wahrheit, weil mittlerweile Männer ebenso oft über Kopfschmerzen klagen, wenn ihre Frauen gerade nicht wollen.

Die alte Psychologie hat übrigens in gewisser Hinsicht Recht. Männer können Fußball und Sex nicht wirklich auseinander halten. Viele Lebensweisheiten sind daher so gestaltet, dass sie auf beiden Gebieten Anwendung finden, was der mittlerweile vielbesungenen Einfältigkeit des männlichen Anteils der Weltbevölkerung sehr in die Karten spielt.

,Der Ball ist rund' kann, wie wir jetzt wissen, getrost den verklemmten alten Zeiten zugerechnet werden.

,Einer geht noch, einer geht noch rein' ist mehr etwas für den rustikalen Geschmack mit Proll-Beilage.

Aber auch die ältere Generation kann aus dem reichhaltigen Fundus schöpfen: ,Das nächste Spiel ist immer das schwerste' trägt gewissen körperlichen Verbrauchserscheinungen Rechnung. Dagegen ist der Spruch ,Ein Spiel währt 90 Minuten', immer dann anzuwenden, wenn's mal wieder etwas länger dauert.

,Ich habe fertig' ist ein diskreter Hinweis für die Gemahlin, dass sie sich jetzt endlich wieder ganz auf ihren Spielfilm im Fernseher in der Schlafzimmer-Ecke konzentrieren kann.

Für den jungen Heißsporn gilt jedoch nach wie vor: ,Nach dem Spiel ist vor dem Spiel.'

Sozusagen mit indirekter Beleuchtung sind solche Fußball-Weisheiten zu interpretieren wie „Wenn ER rauskommt, muss er das Ding auch haben'.

Bei unerwünschter Kontaktaufnahme im Ehebett kann der (fußball)erfahrene Mann sich mit ,Das war die Hand Gottes' rauswinden.

Und dem Versagen gewisser elementarer Funktionen gestandener Männlichkeit ist die entrüstete Distanzierung vorbehalten: ,Strunz! Was erlauben Strunz?'

Neuerdings haben (männliche?) Wissenschaftler allerdings ein neues Forschungsfeld gefunden. Sie wollten unbedingt in Erfahrung bringen, wofür der weibliche Orgasmus eigentlich gut sei. Schließlich können Frauen auch ohne Orgasmus schwanger werden. Dies alles geschieht natürlich im Namen der Evolution, diesem Tausendsassa unter allen Kausalitäts-Ketten-Antrieben.

Schließlich weiß selbst das dümmste Huhn, was sie der Evolution schuldig ist. Warum lässt sich die Henne von dem Hahn mit dem rotesten und geschwollensten Kamm bespringen? Nein, nicht weil der gerade so schick ist, oder weil Hennen, verdammtnocheins, nunmal auf diese Dinger stehen. Sondern weil das geschwollene Hauptdekor gute Gene verspricht. Das erkennt eine Henne auf den ersten Blick. Und gute Gene stehen für eine erfolgreiche Vermehrung, für eine

Nachkommenschaft, die noch viele Generationen lang gesund und kräftig in den Grill wandern kann. Da blicken die Hennen voll durch. Da läuft sozusagen geballte Evolutionskenntnis auf dem Hof herum.

Auch beim Menschen ist das nicht anders. Hier laufen ganz ähnliche Codierungen. Hat eine Frau schöne lange und glänzende Haare, so signalisiert dies einen satten Östrogenspiegel. Hier darf das Männchen eine prinzipielle Paarungsbereitschaft erwarten, was (evolutionstheoretisch) bedeutet, dass es versuchen sollte, seine Gene in die dafür vorgesehenen Bahnen zu lenken.

Überhaupt scheinen wir nur kleine Marionetten zu sein, an deren Fäden die verschiedensten Wissenschaftler – jeder aus seinem Fachgebiet in eine andere Richtung – zieht. Entscheiden wir uns etwa abends in die Oper zu gehen, kommt sofort ein Hirnforscher angerannt, der uns erklärt, dass unser Gehirn diese Entscheidung schon längs getroffen hat, bevor wir – nurmehr als Schmalspur-Subjekte – überhaupt nur einen Gedanken an die Oper verschwendeten.

Und finden wir eine Frau schön und sexy und ungeheuer begehrenswert, steht schon der Evolutionstheoretiker neben uns und sagt: „Na los, mach sie an, nimm sie, wenn sie dich lässt, vergnügt euch die ganze Nacht nach Herzenslust, stöhnt vor Vergnügen. Aber ihr müsst wissen: Dies alles geschieht nur im Namen der Evolution. Vererbt eure Gene, auf das auch eure Nachkommen sich weiter erfolgreich vermehren mögen, wenn ihr längst vermodert seid. Eure Lust ist nur ein Instrument der Evolution, eine Gratifikation, die euch tumbe Individuen, um die es überhaupt nicht geht, in die Federn treibt. Viel Vergnügen dabei. Und lasst die blöden Präservative weg. Die kann die Evolution nämlich gar nicht leiden."

Nun ja, und da fangen diese Evolutionstheoriker, blöderweise muss man sagen, an sich zu fragen, wofür der weibliche Orgasmus denn nun gut sei. Vermutlich dient er dem gleichen Zweck, wie der männliche Orgasmus. Aber das wäre zu einfach.

Der weibliche Orgasmus, so doziert die Wissenschaft, ist nur ein Signal. Mit dem leidenschaftlichen Orgasmus sagt die Frau dem Mann (natürlich ohne es zu wissen): „Du hast mich so total befriedigt, da brauche ich ja gar keinen anderen Mann mehr." Der wichtigste Text aber lautet: „Daher bin ich extrem loyal, also solltest du in mich und meine Kinder investieren." Na? Da steckt doch bestimmt wieder diese verfluchte Evolution dahinter, oder? Oder doch eher ein Wissenschaftler, der gerade von seiner Frau betrogen wurde?

Egal, letztlich sollten die Frauen froh sein, dass die Wissenschaft – und vor allem die Evolution – letztlich doch noch einen Sinn des weiblichen Orgasmus entdeckt haben. Wäre der ansonsten doch – über kurz oder lang – glatt wegevolutioniert worden.

Aber das kommt dabei raus, wenn die Wissenschaft nicht einfach nur Wissen produziert, sondern ernsthaft anfängt sich Gedanken zu machen. Aber ganz unter uns. Wenn Sie zur großen Mehrheit der Menschen gehören, die nicht pro Nacht mehrmals den Sexualpartner wechseln, natürlich in ständig variierender Position. Sie, der Sie vielleicht sogar Schwierigkeiten haben mit der coolen Anmache. Überlegen Sie sich das ganz genau, ob Sie einen Ratgeber nach dem nächsten kaufen, der Ihnen wissenschaftlich erklärt, warum das bei Ihnen bislang nicht so richtig geklappt hat, und ja auch gar nicht klappen konnte.

Vielleicht, ja vielleicht sollten Sie doch lieber zu der seltsam aussehenden Nachbarin mit der Warze auf der Nase gehen, mit ihr einen Kaffee trinken, und sie ein wenig im Satz herumlesen lassen. Oder sie wirft ihnen ein paar Hühnerknochen. Vielleicht klappt es dann ja auch mit der Nachbarin – mit der anderen natürlich, der hübschen.

6. Drehtag

INT, Krankenhaus, Besprechungszimmer – tags

Judith und Paula kommen ins Besprechungszimmer. Vorsichtig halten sie Ausschau nach Thorsten.

Judith
Thörstelchen, hier kommt dein Tröstelchen. (zu Paula) Nanu, ist er nicht hier?

Paula (erschrocken)
Da liegt jemand!

Hinter der Schreibtischverkleidung luken ein paar beschuhte Füße hervor. Beide Frauen pressen sich (wunderbar synchron) eine Faust auf die Lippen. Sie gehen um den Schreibtisch herum und sehen dort Thorsten in seiner ganzen Länge liegen.

Judith
Also, jetzt übertreibt er aber wirklich.

Judith kniet sich nieder, schiebt ihm die Augenlider hoch, misst seinen Puls und haut ihm ein paar saftige Ohrfeigen runter.

Judith (leise, zu sich selbst)
So, das musste einmal gesagt werden. (lauter zu Paula) Ein anaphylaktischer Schock. So ein Idiot. Hol schnell den Notfall-Koffer.

Paula eilt in die Ecke und bringt Judith einen schwarzen Arztkoffer. Sie kramt darin herum und reicht Judith etwas herüber.

Judith (ärgerlich)
Ich brauche keine Tupfer, Paula, ich brauche Adrenalin.

Paula (weinerlich)
Aber er hat meine Tupfer immer so gemocht.

Judith (sauer)
Paula! Adrenalin!

Paula (militärisch)
Adrenalin! Jawoll!

Sie entnimmt dem Notfallkoffer eine Spritze und greift dann nach einem Fläschchen. Die Kamera fokussiert auf das Fläschchen, auf welchem groß und breit ‚Adrenalin' draufsteht. Nur Paulas Hand ist zu sehen, die nach dieser Ampulle greifen will, jedoch zögert. Daneben kommen Ampullen mit der Aufschrift ‚Amphetamin' und ‚Kokain' ins Bild , jeweils darunter in kleiner fetter Schrift: ‚Nur für den persönlichen Gebrauch'. Paulas Hand pendelt über diesen Flaschen hin und her.

Judith lockert Thorsten den Schlips und spricht leise auf den Bewusstlosen ein.

Judith
So heftig hast du doch noch nie reagiert. Ein bisschen nach Luft japsen, okay. Aber gleich alle Lampen aus?! Tss, Tss, Tss.

Judith wird von hinten eine Spritze gereicht.

Paula
Hier, pump ihm das Zeug in die Adern. Das wird ihn wieder aufbauen.

Judith schiebt Thorsten die Nadel in die Vene und betätigt den Kolben.

Judith (zerknirscht)
Ich glaube, diemal bin ich ein bisschen zu weit gegangen.

Paula (mit zusammengebissenen Zähnen)
Ich glaube, ich auch.

INT, Jennys Wohnung – tags

Jenny lehnt an einem Küchenbuffett und schlürft gedankenverloren ihren Kaffee. Im Hintergrund hört man jemanden rumoren und dann taucht Markus mit einem Umzugskarton in der Küche auf.

Markus
Und worüber meinst du, mit mir reden zu müssen?

Jenny
Ich dachte, dass du es wissen solltest.

Markus stellt den Umzugskarton ab und stemmt die Hände in die

Hüften.

Markus (gelangweilt)
Na, dann schieß mal los.

Jenny macht einen sorgenvoll-zerknirschtes Gesicht und denkt schwer nach. Dann schaut sie Markus an und will anfangen zu sprechen. In diesem Moment klingelt es. Jenny schaut Markus vorwurfsvoll an, geht zur Tür und öffnet sie. Sie macht ein freudig-überraschtes Gesicht.

Jenny
Mamma!

Jenny breitet die Arme aus und Mamma fliegt hinein. Mamma ist ausgesprochen jugendlich und sieht ungefähr sieben Jahre älter aus als Jenny (laut Geburtsurkunde sind es immerhin zwölf Jahre).

Ralf (Regisseur, im off, seufzt)
Kevin! Das gehört da nicht rein.

Kevin (Drehbuchautor, im off, flüstert)
Das sieht doch keiner.

Ralf (Regisseur, im off)
Weiter!

Jennifer
Mein Kind!

Jenny
Mamma!

Markus steht nutzlos in der Gegend herum und betrachtet das Ganze mit unverhohlener Distanz.

Markus
Ach, und das ist deine Mutter?

Jenny zieht ihre Mutter neben sich, so dass sie beide frontal Markus gegenüberstehen.

Jenny (mit erhobenem Kopf)
Sieht man das nicht?

Markus
Die Ähnlichkeit ist frappierend. Aber wo ist der Altersunterschied.

Jennifer
Wir altern nicht mehr so schnell.

Markus (lacht)
Wenn überhaupt. (spöttisch) Jahrelang auf einer Schönheitsfarm gewesen?

Jennifer richtet ihre Stimme nach oben.

Jennifer
Hat der Typ ein Problem damit, dass wir jetzt mitmachen?

Ralf (Regisseur, im off, brüllt)
Nein, damit hat keiner ein Problem! Nicht wahr, Markus!

Markus
Hier hat noch nie irgendjemand mit irgendwas irgendein Problem gehabt. Aber mit zehn Jahren kriegt man eigentlich noch keine Kinder. Das könntet sogar ihr wissen.

Ralf (Regisseur, im off, belehrend)
Das ist eine moderne Mutter-Tochter-Beziehung. Da verschwindet nicht nur der Generations-, sondern auch der Altersunterschied zusehends. In Amerika drehen die jetzt schon Soaps, wo die Mutter jünger aussieht als die Tochter. Das kommt gut an – vor allem bei den Müttern unter den Zuschauern. Man darf sich da von der Natur nicht unsinnig begrenzen lassen. Also, weiter jetzt!

Markus lacht.

Markus (höflich)
Du siehst mehr aus wie die Schwester.

Jennifer
Ich dachte, ich müsste mal nach dem Rechten sehen. Wie geht's meinem Mäuschen denn so?

Jennifer kneift Jenny in die Wange.

Ralf (Regisseur, im off, gedehnt)
Halt! Jennifer, du bist nicht Tante Clothilde aus den Fünfzigern. Keine Mutter kneift heutzutage mehr ihrer Tochter in die Wange. Hau ihr meinetwegen auf den Arsch und sage ‚Daran müssen wir aber noch

arbeiten', aber kneif höchsten deinem Opa im Altersheim in die Wange. Okay, Szene im Kasten. Dieter, schneide den Wangenkneifer und den anderen Müll einfach weg.

Jennifer
Mein Gott, ich habe doch noch nie eine Mutter gespielt. Wusste gar nicht, dass das so schwierig ist.

INT, Krankenhaus, Flur, Kaffee-Automat – tags

Paula und Angie stehen vor dem Kaffeeautomaten. Angie hat keine blauen Augen mehr. Paulas Blick verliert sich in den unendlichen Weiten des Krankenhausflures.

Paula
Irgendwo hört der Spaß einfach auf.

Angie (müde)
Und wo ist das?

Paula
Auch ich bin zu weit gegangen. (sie sieht Angie erschrocken an) Eben erst habe ich festgestellt, dass von einen der MRT-Befunde, die ich vertauscht habe, der Oliver betroffen ist. Der denkt jetzt, er hätte einen Gehirntumor.

Angie (empört)
Aber das geht doch nicht. Der Oliver leidet doch eh schon an Depressionen.

Paula
Ich bin ja so widerlich.

Angie
Kann man wohl sagen.

Paula
Danke!

Angie
Dafür sind Freunde doch da.

Paula
Und so egoistisch; nur weil ich mich an Thorsten rächen wollte.

Angie

Was der noch nicht mal gemerkt hat, weil er erst einen anaphylaktischen Schock gehabt hat, und nun völlig überdreht im Krankenhaus rumläuft und jedem erzählt, dass er ein Wunderheiler wäre, sein Großvater mütterlicherseits wäre sogar ein Engel gewesen. (denkt nach) Oder war es seine Großmutter väterlicherseits.

Paula

Was sollen wir nur machen?

Angie

Vielleicht mal dem Oliver Bescheid sagen, dass er noch ein bisschen länger unter seinen Depressionen leiden muss.

Paula schaut Angie verständnislos an, dann rumst der Groschen runter und verursacht eine gewaltige Staubwolke.

Paula

Du meinst, wir sollten es ihm sagen?

Angie (cool)

Warum nicht?

Paula (überlegt)

Glaubst du, dass er damit fertig wird?

Angie

Das Risiko muss man eingehen.

Paula

Und was machen wir mit Thorsten?

Angie

Wir warten einfach ab bis das Dope alle ist. Wer hat ihm das Zeug überhaupt gegeben?

Paula (schaut unschuldig in der Luft herum)

Weißnich. Judith vielleicht?

INT, Wohnung von Markus Mutter – tags

Markus sitzt seiner Mutter in einer schwierigen Gesprächssituation gegenüber. Er nuckelt an einem Bier herum, während seine Mutter, Elvira, ein winziges Teetässchen auf ihren Fingerspitzen balanciert.

Markus
Aber du musst doch etwas über seinen Verbleib wissen.

Elvira
Markus, dein Vater gehörte nicht zu den Männern, denen man hinterher läuft. Er bog um eine Ecke, und ich hatte damals keine Ahnung, ob er es bis Brasilien schafft oder nur bis zur nächsten Kneipe.

Markus (ungläubig)
Nicht der kleinste Kontakt?

Elvira
Nun, er pumpt mich immer mal wieder um Geld an, per Postkarte, mit aufgeklebter Bankverbindung. Du weißt ja, wie Männer so sind. Demnach jedenfalls lebt er noch irgendwo hier in der Stadt.

Markus (empört)
Und das hast du mir nie gesagt?

Elvira
Die Bankverbindung? Wolltest du ihm auch ein Almosen zukommen lassen?

Markus
Nein! Ich möchte meinen Vater einfach nur mal kennenlernen.

Elvira (bläst etwas Dampf vom Tee)
Glaub mir, mein Lieber, das ist die Sache nicht wert. Dein Vater ist ein versoffener Taugenichts. – Und damit nenne ich noch seine liebenswertesten Eigenschaften.

Markus
Aber du hast ihn doch mal geliebt.

Elvira (nachdenklich)
Damals war ich noch jung und dumm. Heute bin ich alt und klug. Du siehst, irgendein Haken ist immer dabei. Die Kombinationen stimmen einfach nicht.

Markus
Vielleicht wärst du früher lieber jung und klug gewesen. Dann wärst du heute alt und dumm. Apropos, könntest du mir eine etwas größere Summe rüberschießen. Ich habe da was Vielversprechendes am Laufen.

Elvira
Möchtest du vielleicht noch ein Bier?

Markus nickt. Elvira steht auf, zieht Markus versöhnlich mit nach oben und umarmt ihn.

Elvira (lacht)
Du wirst deinem Vater einfach immer ähnlicher.

INT, Krankenhaus, Empfangstresen – tags

Paula und Angie stehen beim Krankenhausdrachen Schwester Inge und diskutieren mit ihr.

Paula
Aber das kann doch nicht sein.

Inge
Weg ist weg. So sind die Computer nun einmal. Da kann ich doch nichts machen.

Angie
Die ganzen Patientendaten?

Inge
Stellt euch nicht so an, ihr wollt nur jemand anrufen. Die im Op wissen jetzt nicht mal mehr die Blutgruppe ihres aufgeschnittenen Patienten, und ob es ein Männchen oder Weibchen ist.

Angie
Und wo sind die Papier-Akten?

Inge
Wenn euer Depresso-Typ entlassen ist, müsst ihr zur zentralen Datenstelle runterlaufen.

Inge schaut auf die Uhr.

Inge
Aber der Karl ist schon weg.

Paula
Das ist ein Notfall.

Inge (ruhig, aber bestimmt)
Ein Notfall liegt dann vor, wenn sich jemand seinen Dünndarm um die Ohren wickeln kann.

Paula
Können Sie Karl denn nicht erreichen?

Inge
Den solltet ihr mal hören, wenn ich ihm erzähle, dass er nochmal herkommen soll, nur weil irgendsoeine Heulsuse für einen paar Stunden mal mit der eigenen Sterblichkeit konfrontiert wird.

Paula (zu Angie)
Mann, wenn man wenigstens wüsste wo der Oliver wohnt.

Angie (überlegt angestrengt)
Kann sein, dass ich irgendwo Zuhause seine Adresse habe.

Abspann
Erfährt Oliver noch rechtzeitig, dass er gar keinen Tumor hat? Nimmt Thorsten Kontakt zu seiner Großmutter, dem Engel, auf? Wie versteht sich Markus mit seiner zukünftigen Schwiegermutter? Oder wird sie womöglich gar nicht seine Schwiegermutter?

Après-Dreh
Nach dem Dreh sitzen sogar Markus und Jenny mal wieder zusammen. Es ist nicht die große Harmonie, aber immerhin essen sie ihr Hula-Hopp-Sandwich in trauter Zweisamkeit. Das ist eine Kreation von Tante Trudy. Nicht die Zweisamkeit, sondern das Hula-Hopp-Sandwich. Dabei liegt einfach ein Ananas-Ring auf der Käse-Scheibe, die wiederum auf irgendwas anderem liegt und so weiter. Jenny wirft Markus sogar die Ananas-Stückchen, die ihm aus dem Sandwich rausflutschen zurück auf seinen Teller. Ein gutes Zeichen.

„Deine Ma ist doch eigentlich ganz nett", versucht Markus das Gespräch anzukurbeln.

„Wenn man mal von ihrem Charakter absieht, schon", erwidert Jenny ohne großes Interesse. „Pass doch mal auf, wo deine ganzen Ananas-Stückchen hinfliegen. Ist ja widerlich." Sehr unwillig wirft Jenny Markus erneut ein Stück auf den Teller zurück.

Wenn Markus tatsächlich wieder bei Jenny landen will, und so sieht es im Moment jedenfalls aus, hat er noch ein ganz schönes Stückchen Arbeit vor sich. Mit Angie scheint jedenfalls nichts mehr zu laufen. Die hängt nach Feierabend meistens mit Oliver rum.

Angie scheint an Oliver zumindest ein gewisses therapeutisches Interesse entwickelt zu haben. Oliver leidet nämlich tatsächlich im Moment an einer depressiven Verstimmung. Als er davon neulich in der Kantine berichtete, hat Kevin sofort das dramaturgische Potenzial erkannt und Olivers verkantete Seele in die Serie eingebaut.

Oliver wiederum, so scheint mir, hat seine Depressos sofort als Lockpotenzial erkannt, mit dem er attraktive Blondinen einfangen kann, die sich gegen die mütterliche Komponente in ihrem Wesen nicht so recht zur Wehr setzen können. Die süße Angie scheint er damit im Moment fest am Haken zu haben. Aber ob das so bleibt, wenn er zu seinem gewohnt unbeschwertem Naturell zurückfindet?

Im Moment legt er in der Kantine meistens noch einen Brikett drauf, und macht in horribler Lebensmüdigkeit. Dies kommt bei Angie auch ganz gut an, aber vielleicht anders als er es sich so erhofft.

Nachdem ich die beiden nämlich eine Weile beobachtet hatte, schien es mir nicht so sehr die mütterliche Komponente in Angies Wesen, die Oliver zum Schwingen gebracht hatte, als vielmehr eine ungeheure Lust an der Zerstörung. Immer öfter hört Oliver keinen Zuspruch, sondern wird von ihr in seiner momentanen dunkelschwarzen Weltsicht bestärkt.

Langsam mache ich mir Sorgen, denn Oliver verrennt sich da womöglich in Etwas, das er nicht mehr überschaut. Angie ist nämlich ein recht vielschichtiger Charakter. Sie spielt vieles durch, meint es aber gar nicht so ernst.

Nicht dass die beiden nachher auf einem Hochhaus stehen, Oliver springt und Angie ruft ihm hinterher: „Aber es war doch alles nur Spaß, du Trottel."

Menschenskinder

Weiß der Teufel wie ich auf dieser Party gelandet bin. Vermutlich wie üblich. Man bekommt eine Einladung, legt sie irgendwo hin und vergisst sie. Dann kriegt man einen Anruf vom Gastgeber, ob man nicht die Frau Sowieso mitbringen könnte, die so gerne kommen möchte, aber nicht weiß wie, und sie war doch so lange krank, ich wüsste schon diese schwere Krankheit und nun endlich wieder ein bisschen das Leben genießen, und man hätte schon andere gefragt, aber ich sei die letzte Möglichkeit, und auf dem Weg liegt es doch ohnehin ...

Caroline war mit den Kindern im Urlaub, und mir sind die Gastgeber eher weitläufig bekannt. Es bedurfte schon erheblicher Ausgrabungsarbeiten, um die Vornamen aus dem Gedächtnis zu kramen. Aber wenn ein runder Geburtstag ansteht, wird eben alles mobilisiert, was nicht rechtzeitig absagt. Man kennt ja sooo viele Leute, und das kann man dann beweisen.

Ab Ankunft setze ich denn auch mein amüsiertes Langzeit-Party-Lächeln auf, die Mundwinkel leicht nach oben gehieft, die Augen auf Glanzstufe 1 geschaltet. Nicht überdrehen, dann hält es länger.

Solchermaßen präpariert ziehe ich unbemerkt durch die Reihen der scheinbar unablässig ankommenden Gäste, die sich gegenseitig begrüßen. „Was du auch hier? Wie geht's denn? Was machen die Kinder?"

Ich bleibe davon weitgehendst verschont, denn als relativ Fremder sind mir die Meisten unbekannt. Dennoch sind die Anderen auf diesen großen, runden Geburtstagen wie ein gnadenloser Spiegel des eigenen Alterungsprozesses. Was im morgendlichen Badezimmer schleichend unbemerkt vorüber zieht, fratzt einem hier als gigantischer Quantensprung entgegen. Egal, ob man die Leute nun kennt oder nicht, eh man es sich versieht, findet man sich auf Gruftie-Geburtstagen wieder und muss der erschreckenden Tatsache ins Auge sehen: Das sind alles Leute in deinem Alter!

Darauf erst einmal ein kühler Weißwein. Ein Mann meines Alters denkt offenbar ähnlich, und da wir schon mal nebeneinander stehen, prosten wir uns fröhlich zu. Zwischen ausgefranstem Bart und struppelgrauer Haarmähne erstrecken sich nurmehr wenige Quadratzentimeter schraffierter Haut. Sein Holzfällerhemd wird von einem Kugelbauch in Form gehalten.

Nach zwei Minuten kennen wir uns schon zwanzig Jahre und er erzählt: „In London haben die Tommies wohl eklatante Schwierigkeiten mit ihrer Tube. Computerabsturz. Ein Zug ist zehnmal die ganze Circleline rumgefahren ohne zu stoppen. Habe eben noch mit meinem Sohn telefoniert, er ist dort Junior Manager in einem Investmenthaus. Die haben jetzt Angst, dass der Virus auch ihr System infiziert hat. Unter Umständen könnten Terroristen dahinter stecken. Man weiß ja nie." Er lacht schaukelnd, wobei sein Bauch den Rhythmus vorgibt.

Sofern man künstlerisch tätig ist, stellt eine Geburtstagsfete eine gute Gelegenheiten dar, die eigenen Werke auszustellen. Die kann man sich dort dann in Ruhe ansehen, wenn man kann.

„Das Bild hier erinnert mich an den Degas, den ich vor kurzem im MOMA gesehen habe. Die gleiche Pinselführung." Eine Frau wispert mir diese vertrauliche Information von hinten ins Ohr. Sie macht einen Schritt nach vorne und wir stehen im Schulterschluss vor dem Quasi-Degas.

„Alles eine Frage des Marketings", fährt sie fort. „Davon ist jedenfalls meine Tochter überzeugt. Sie beackert im Moment den Kunstmarkt in New York. Es kommt im wesentlichen darauf an, einen Namen mit entsprechenden PR-Maßnahmen nach oben zu pushen. Und dafür ist ein Galerist in NY-LON natürlich ideal."

Ich nicke verständnisinnig und betrachte sie interessiert. Wie lange mochte sie gebraucht haben, um ihre Frisur in diesen Zustand wohlgeordneter Zerzaustheit zu versetzen. Zumal die Haarsträhnen sehr präzise die feinen Linien fortführen, welche ihr Gesicht durchziehen. Für ihr Alter ist sie außerordentlich schlank, was sie mit einem hautengem Etui-Kleid betont, welches sich press an die sparsamen Rundungen ihrer Weiblichkeit anschmiegt. Leider bringt es auch den gebeugten Rücken übermäßig zum Vorschein, gegen den sich die nach hinten gezogenen Schultern vergeblich stemmen. Da das Kleid in einem satten Froschton gehalten ist, kommt mir bei ihrem Anblick unweigerlich der Grüne Bogenschütze in den Sinn.

Endlich wird das Buffet eröffnet. Die Schlacht ist kurz aber heftig. Niemand ahnt welche enormen Ausmaße der Hunger in hochindustrialisierten Ländern hat.

Die Suppe strotzt vor Kräutern, die dem herbarisch versierten Gourmet Tränen der Entzückung in die Augen treiben. Allerorten setzt genussvolles Stöhnen ein.

Danach setzt sich die Fete im ganzen etwas. Man nimmt Platz an einem der zahlreichen Tische und tauscht sich aus.

„Unsere Tochter ist jetzt am Konservatorium angenommen worden. Man kann sich gar nicht vorstellen, was da heutzutage verlangt wird. Anna Netrebko würde bei diesen Prüfungen glatt durchrasseln."

Am Nachbartisch steht eine junge Frau auf.

„Kannst du mir ein Glas Bier mitbringen", fragt daraufhin ein junger Mann, der anscheinend ihr Freund ist.

„Ich gehe nur zur Toilette. Aber wenn du dir schon ein Bier holst, bring mir doch bitte noch ein Glas Rosé mit", sagt die junge Frau und schwebt von dannen.

Durch unvorsichtige und ungerichtete Bewegungen im Partyraum hat mich der Flitzebogen wieder in seine Fänge gebracht.

„Unvorstellbar, was da für Geld im Spiel ist. Meine Tochter erzählt, dass da die Millionen nur so durch den Auktionsraum rauschen. Aber New York ist eben New York. Ein teures Pflaster. Was machen denn ihre Kinder so?"

„Meine Tochter hat gerade die Aufnahme ans Konservatorium geschafft", antworte ich. „Wien. Unglaublich was die da verlangen. Die ist jetzt erstmal für einen Monat nach Australien gereist. Damit sie mal was anderes sieht."

Vor der improvisierten Bar in einem Nebenraum stehen ein paar Katzentische. Mitten in eine Gesprächsrunde stelle ich mein Bier ab.

Der Redenschwinger ist ein dürrer Mann mit Spitzbart. Seine Hände holen beim erzählen weit aus. Die Zuhörer gehen auf Sicherheitsabstand.

„Wir haben dann Wasser aus dem Fenster gekippt. Das mochten die Bullen gar nicht. Naja, für heißes Öl hatten wir keine Zeit mehr." Alles lacht. Ein anderer wirft ein: „Wenn du das den heutigen Kiddies erzählst, wissen die gar nicht worüber du redest. Häuser besetzen. Warum denn? Papi kann mir doch eins kaufen."

Wieder Gelächter. Und darauf einen kräftigen Schluck Bier. Nichts schweißt so sehr zusammen wie Fronterlebnisse.

Am Nachbartisch schaut eine junge Frau ihren Freund von unten an und flötet: „Ich hätte gerne noch einen Sekt." Der junge Mann lächelt und wetzt los.

Wie aus dem Boden geschossen steht plötzlich wieder der Wackelbauch neben mir.

„Komm mit", sagt er zu mir, „bei uns am Tisch wird mächtig schwadroniert."

Der Tisch sind mehrere Ehepaare in höheren Semestern. Eine Frau erzählt gerade eine Arztgeschichte und schlägt dabei immer mit der flachen Hand auf den Tisch.

„Das ist gar nicht so schlimm, sagt der Chirurg zu mir, ein kleiner Schnitt und das Ding ist draußen."

Die Hand knallt auf den Tisch und die Frau bläht die Wangen.

„Dem habe ich aber was erzählt. Da sind Sie aber bei mir an der falschen Adresse, sage ich. Sie können sich selber mal was rausschneiden. Viel Vergnügen dabei. Und dann bin ich gegangen. Diese blöden Schnibbelkünstler. Sticht's im Herzen ein bisschen, wollen sie es dir gleich rausschneiden."

Eine eher schüchterne Frau hatte mit ein paarmal tief durchatmen schon auf ihren Auftritt gewartet. Jetzt durfte sie ihren Einsatz nicht verpassen.

„Unser Hansi sagt auch immer, und der muss es ja wissen, er ist Internist: Die Chirurgen tragen nur deshalb einen Mundschutz, damit sie nicht auch noch das Blut vom Skalpell ablecken."

Um halb elf startet dann das Kulturprogramm. Den Anfang macht ein Polka-Violinkonzert für zwei Geigen, vorgetragen von den Töchtern der Gastgeber. Aufmerksam folgt der größte Teil des Saals der künstlerischen Darbietung. Zwischendurch ist eine weibliche Stimme zu vernehmen: „Wunderschön, wirklich wunderschön! Dieter, holst du mir noch einen Wein?" Ansonsten wurde andächtig gelauscht, tosender Beifall danach.

„Unser Tobias hatte ja solch ein Talent für die Bratsche. Virtuose hätte er werden können, sagte sein Musiklehrer."

„Und was macht er jetzt?" fragt eine interessierte Stimme nach.

„Er hat sein Studium abgebrochen", presst die Mütterlichkeit hervor. „Und macht jetzt eine Lehre als Schlosser." Kurze Pause. „Als Kunstschlosser", schickt sie präzisierend hinterher.

„Aber dann kann er später ja Skuplturen machen", sagt die interessierte Stimme.

„Kann er. Ja."

An den Katzentischen komme ich mit einem Mann ins Gespräch, der mir ausführlich sein Fitnessprogramm erläutert. „200 Watt versuche ich im Studio jeweils eine Viertelstunde durchzuhalten, dann wieder eine Viertelsstunde 100 Watt. Das ist eine ganz gute Wintervorbereitung für die Radtouren im Frühjahr. Da fang ich dann mit 500 Höhenmetern an."

Und dies alles sei wiederum eine Vorbereitung für die nächste Etappe zu Fuß auf dem Appalachian Trail „zusammen mit meinem Sohn. Der kommt dann von LA rüber, da arbeitet er als Manager in einer Casting-Agentur. Was machen denn ihre Kinder so?"

„Mein Sohn ist Junior Manager bei der Londoner Tube", berichte ich. „Der soll sich mal ein bisschen den Wind der großen weiten Welt um die Nase wehen lassen. Auch wenn das in der U-Bahn vielleicht ein wenig schwierig ist; da gibt's ja nur Fahrtwind", schränke ich ein.

„Die hatten jetzt gerade einen Computerausfall – vermutlich Terroristen. Aber er hat das wieder hingekriegt. Er verfolgt gerade eine heiße Spur, die eventuell zu den Tätern führt. Unsere Tochter hat leider ihr Bratschenstudium geschmissen. Dabei hatte die so ein Talent." Ich nehme einen tiefen Schluck aus meinem Schnapsglas. Als Vater von hochbegabten Kindern hat man es schließlich nicht leicht.

Zwischendurch kommt das Ehegespons meines Gesprächspartners vorbei.

„Thorsten, wo hast du nur diesen wunderbaren Chardonnay aufgetrieben. Besorgst du mir und Mona noch etwas davon?" Mona ist offenbar die junge Frau neben ihr, die eine verblüffende Ähnlichkeit mit der Weinbittstellerin aufweist. Schwester ist unwahrscheinlich, also muss es die Tochter sein.

Eines der großen Rätsel unserer Zeit ist die Tatsache, dass

heutzutage Frauen ihre Töchter in der Regel erst mit vierzig Jahren bekommen, aber zwanzig Jahre später nur noch zehn Jahre älter aussehen als diese. Da muss irgendein diabolisches Subtraktionsverfahren im Spiel sein. Thorsten jedenfalls tut wie ihm geheißen und macht sich auf den langen Weg der Suche nach dem Chardonnay.

Im fortgeschrittenen Zustand alkoholischer Intoxikation traf ich nochmal auf den grünen Bogenschützen. Bereitwillig und nahezu ungefragt erzählte ich ihr, dass meine Tochter bei der Aufnahmeprüfung in das Konservatorium mit ihrem Bratschebogen den letzten elfenbeinfarbenen Schimmel-Flügel zerlegt hatte. Mein Sohn sei leider beim Bau der U-Bahn-Trasse zwischen Sidney und Tokio in Seenot geraten und werde seither vermisst.

Madame Verde, auch bei ihr liegt der erste Wein bereits lange Zeit zurück, gerät zunehmend in den Zustand einer kognitiven Derangiertheit.

„Sehen Sie mich an", nuschelt sie mir zu. Zwar glaubte ich dies schon die ganze Zeit zu machen, aber ich nehme den letzten Rest meiner Konzentration zusammen und fixiere einen Punkt zwischen ihren Augen. „Finden Sie nicht, dass ich mich auflöse?"

Ich rücke meinen Kopf und damit meinen Blick ein Stückchen näher ran; dadurch wird sie erheblich unschärfer.

„Tatsächlich", muss ich zugeben.

„Irgendwie komme ich mir vor wie ein impressionistisches Gemälde, ein einziges Farbrauschen, aber ohne klare Kontur."

Je mehr ich sie ansehe, umso weniger kann ich ihr widersprechen.

„Heißt ihre Tochter nicht Mona?" frage ich.

Sie überlegt kurz, die Augen auf irgendein Farbrauschen links hinter mir gerichtet.

„Sie meinen Moma. Nein, meine Tochter heißt … Von welcher habe ich ihnen denn erzählt?"

„War das die, die mit Anna Netrebko zusammen im Gefangenenchor singt?" rate ich wild drauf los.

„Von der erzähl ich eigentlich ganz selten was", wundert sich mein immer mehr gebogenes Gegenüber. „Aber von mir aus kann ich Ihnen auch über sie etwas erzählen. Aber erstmal sind sie so lieb und holen mir noch was zu trinken."

Ich überlege kurz, ob soviel Intimität zwischen mir und dem Flitzebogen wünschenswert wäre, erwog dann aber die vielfältigen Handlungsoptionen einer mehr oder minder vorübergehenden Abwesenheit. Ich nicke untertänigst, mache auf dem linken Hacken kehrt und gehe – wie mir geheißen.

7. Drehtag

INT, Olivers Wohnung – abends

Oliver, seine Mutter Olivia, Judith und deren Mutter Julia, sitzen zusammen beim festlichen Dinner. Sie stoßen mit Rotwein an.

Oliver
Wo kommen nur plötzlich all die Mütter her?

Judith
Und wo sind nur all die Väter hin?

Alle (im Chor)
Die Antwort ist geblasen in den Wind.

Ralf (Regisseur, im off, sehr geduldig)
Das ist kein Chor, sondern das hört sich an, als wenn meine Ziege auf eine Trommel scheißt. Also: (ruft) Bitte!

Oliver (nach oben)
Kann der Text nicht etwas melodischer sein? Das hört sich doch dämlich an.

Ralf (Regisseur, im off, immer noch geduldig)
Kevin! Da hat er recht.

Kevin (Drehbuchautor, im off, mit etwas großem Runden im Mund)
Okay, sollen sie singen: Like a … Like a Sex-Machine.

Ralf (Regisseur, im off, brüllt bis zum Anschlag)
Kevin!

Kevin (Drehbuchautor, im off, ohne irgendwas im Mund)
Also gut: The answer is blowin in the wind.

Alle (stoßen an und singen im Chor)
The answer is blowin in the wind.

Julia
Das waren noch Zeiten. Jede Nacht einen anderen Lover.

Olivia (schwärmt)
Und immer dieser Liebeskummer.

Julia
Aber dann kamst du.

Julia krault Judith hinter den Ohren und lächelt versöhnlich.

Julia
Windeln und Wehklagen statt Orgien und Orgasmen.

Julia (mit leicht geneigtem Kopf)
Aber ich habe es nie bereut.

Judith (lächelt zurück)
Auch wenn du mir als Kind immer was anderes erzählt hast.

Olivia
Ich hatte nach Olivers Geburt eine schreckliche Postpartale Depression. (überlegt) Die im Prinzip bis heute angehalten hat.

Oliver
Lasst uns doch über etwas angenehmeres als Kinder sprechen. Jenny hat auch Besuch von ihrer Mutter. Vielleicht sollten wir eine große Mamma-Fete machen.

Judith
Genau. Mit einer großen Torte in Form einer riesigen Brust. (beugt sich zu Oliver rüber) Und du musst sie anschneiden.

Oliver (begeistert)
Na? Was haltet ihr davon?

Julia (lächelt überlegen)
Aber nur, wenn ihr damit eure armen alten Mütter nicht auf den Arm nehmen wollt.

Oliver (belustigt)
Oh, du armes altes Mütterchen. Soll ich dir deinen Krückstock bringen?

INT, Krankenhaus, Krankenzimmer von Thorsten – abends

Thorsten liegt in seinem Krankenbett, hält sich den Kopf und stöhnt. Vor seinem Bett steht Dr. Reiner Wunderland, der ungeduldig mit seinem Krückstock gegen seinen Fuß schlägt. Paula steht so in der Gegend herum.

Thorsten
Oh, wie ist mir? Was ist geschehen?

Reiner
So wie der redet, ist der ja immer noch völlig durch den Wind.

Paula
So kennt man ihn gar nicht.

Thorsten (richtet sich leicht auf)
Freunde, reicht mir zu trinken, mich dürstet.

Paula nimmt ein gefülltes Wasserglas, das auf dem schicken Multifunktions-Krankenhaus-Nachttisch steht, stützt Thorstens Nacken mit der Hand und gibt ihm zu trinken. Gierig saugt Thorsten das kühle Nass in sich hinein. Derweil erkundet Reiners Zeigefinger das Höhlenrund seines linken Naseninnenraums.

Thorsten
Mir ward so seltsam. Was ist geschehen?

Dr. Reiner Wunderland nähert sich mit Siebenmeilenstiefeln der Kotzgrenze.

Reiner (zu Paula)
Der kriegt noch eine doppelte Dosis Schlafmittel und dann wollen wir mal hoffen, dass eure merkwürdige Kombinationsbehandlung keinen bleibenden Hirnschaden hinterlassen hat.

Paula (nachdenklich)
Jetzt wird er wirklich merkwürdig. Noch vor ein paar Stunden ist er einfach rumgelaufen, und hat jedem erzählt, dass er alle Krankheiten heilen und bald auch fliegen kann.

Reiner
Das mit der Chlamydien-Infektion, die er sich irgendwo geholt hat, müssen wir ihm ja noch nicht erzählen.

Thorsten richtet sich mit letzter Kraft auf.

Thorsten
Die Sünd' ist groß und schwer, womit ich beladen. Der Chlamydien zorn'ger Schar schleudern meine Seel hernieder. Dämmert sie nunmehr im finstern Tal ew'ger Dammnis? Oh Graus. (weint)

Reiner (knallt den Krückstock auf den Boden)
Wenn der nach der Schlafkur immer noch so ein dusseliges Zeug
brabbelt, holt sofort den Psychiater. (ab)

Paula ist nun mit Thorsten allein im Zimmer. Sie setzt sich neben ihn
aufs Bett und streichelt sein Haar. Thorsten dämmert vor sich hin.

Paula
Mach dir keine Sorgen, Liebster.

Mit einem feuchtem Einmal-Waschlappen wischt sie ihm zärtlich
die Schweißperlen von der Stirn.

Paula
Auch wenn der Chlamydien grausger Schar dein Gedärm in Klump
haut, will ich dich doch pflegen, bis in den Tod hinein.

Paula lächelt vor sich hin. Thorsten öffnet leicht die Lider.

Thorsten
Tod! Welch tröstend Wort.

Paula streichelt ihm nochmal über das Haar.

Paula
Jaja, und nun mach fein Heia.

INT, Wohnung Jennys Eltern – abends

Jenny und Kathy sitzen beim Abendessen im Esszimmer von
Jennys Eltern. Sie stoßen gerade mit Weißwein an. Weiterhin sitzen
dort Jennys Mutter Jennifer und Jennys Vater Bastian. Ferner zwei
(tatsächlich) ältere Menschen. Jennys Oma und Opa, Dame Lisbeth
und Herr Sebastian. Bastian bringt einen Toast aus.

Bastian
Auf das Wohl unserer Tochter Jenny – und natürlich der entzückenden
Kathy – und darauf, dass sie von nun ab wieder öfter in unserem
Hause essen wird.

Alle lächeln, stoßen an und trinken.

Dame Lisbeth
Jenny, wie schön dich zu sehen. Was machen die Kinder?

Jenny (säuerlich)
Welche Kinder, Oma?

Dame Lisbeth
Hast du keine?

Jenny
Im Moment gerade nicht, Oma.

Dame Lisbeth
Macht nichts. Du wächst ja noch.

Jennifer
Mutter, jetzt lass doch mal das Gerede von Kindern. Jenny und ich wollen erstmal ein bisschen Geld verdienen.

Herr Sebastian (mit krächziger Stimme)
Geld verdienen? Das ist gut. Habe ich euch schon die Geschichte erzählt, wie ich damals auf Schwertfischfang war.

Bastian legt die Hand auf den Arm seines Vaters.

Bastian
Das hast du uns schon mal erzählt, Vater.

Herr Sebastian (mit noch krächzigerer Stimme)
Auch wie dann der gewaltige Sturm kam?

Jennifer
In aller Ausführlichkeit und zum wiederholten Male. (zu sich selbst) Es ist mir heute noch ein Rätsel, wie er das überstanden hat – und wir erst.

Bastian schaut seine Frau scharf an.

Bastian
Auch deine Mutter erzählt gerne von früher – als du noch klein und niedlich warst. (Pause) Und wie du in der Sandkiste immer die anderen Kinder eingegraben hast.

Jenny (genervt)
Nachdem mir nun wieder eingefallen ist, warum ich in letzter Zeit so selten da war, könnten wir vielleicht wieder so tun, als wären wir eine schrecklich nette Familie?

Kathy (hektisch)
Was soll das denn für ein Geschäft sein, das ihr aufmacht?

Jennifer
Ich dachte da an ein Wellness-Center gekoppelt mit Psychotherapie.

Jenny
Nein! Eine angesagte Szene-Kneipe. (zu Kathy) Wo sich Leute wie du und ich treffen, einen Latte trinken und ihre spannenden Probleme besprechen.

Jennifer
Von mir aus auch das. Ist ja fast dasselbe.

Jenny
Nur für die Einrichtung bräuchten wir jemanden, der handwerklich begabt ist.

Kathy guckt ausgestanzte Kreise in die Luft.

Kathy
Denkst du etwa an Markus?

Jenny
Markus? Gute Idee. Könntest du deine Connection zu ihm nicht mal spielen lassen?

Kathy (mit verzweifelt verkniffenem Mund)
Unser Kontakt beschränkt sich momentan auf das nötigste. Sozusagen die Basics. Aber ich will mal schauen, ob ich seine Instinkte – dir zu helfen (lächel) – nicht irgendwie aktivieren kann.

Kathy denkt kurz nach.

Kathy
Obwohl seine handwerklichen Talente ja mehr auf dem Gebiet der Dekonstruktion liegen.

INT, Krankenhaus, Spongos Zimmer – abends

Spongo, immer noch gut bandagiert, hantiert an seinem Handy rum.

Spongo
Verflucht nochmal, der Kerl ist einfach nicht erreichbar. (äfft nach)

119

Dienst im Moment nicht verfügbar.

Nach kurzem Klopfen geht die Tür auf und Dr. Reiner Wunderland kommt herein. Gerade in dem Moment, als Spongo das Handy auf sein Oberbett wirft. Der Aufprall erinnert Spongo daran, dass auch seine Kniescheibe in Mitleidenschaft gezogen wurde. Dr. Reiner Wunderland betrachtet seinen Patienten mit stechendem Blick und stützt sich schwer auf seinen Krückstock.

Reiner (mit schneidender Stimme)
Wenden wir jetzt ganz neue Therapieprinzipien an, um dem Genesungsprozess auf die Sprünge zu helfen?

Spongo (ärgerlich)
Ach, ich muss einfach einen Freund vor einer Dummheit bewahren. Und jetzt kriege ich keinen Anschluss. Mist!

Reiner
Freunde vor Dummheiten zu bewahren ist eine schier unlösbare Aufgabe. Wenden wir uns den lösbaren Aufgaben zu. Wie lautet Ihre genaue Diagnose.

Spongo
Ich habe einen auf die Nuss gekriegt, und zwar überall am Körper. Ich bin zur genaueren Beobachtung hier. Und ich möchte so schnell wie möglich nach Hause.

Dr. Reiner Wunderland bringt den Schreibblock mit den neuesten Labordaten von Spongo zum Vorschein und studiert eingehend die Werte.

Reiner
Sie fühlen sich niedergeschlagen, desillusioniert und antriebsschwach. Stimmt's?

Er durchbohrt Spongo mit einem ungeheuer analytischen Blick.

Spongo
Nachdem der Typ mit mir fertig war, fühlte ich mich allerdings niedergeschlagen.

Reiner
Aha, klarer Fall von Hypothyreose, stimmt auch mit den Laborwerten überein. Sie nehmen ab sofort die Höchstdosis Thyroxin bis sie wieder Euthyriot sind. (zu sich selbst, mit diabolischem Lächeln)

Und wenn es dem Patienten morgen nicht radikal schlechter geht, war meine Diagnose richtig.

Dr. Reiner Wunderland ballt die Faust und will hinausgehen. Dabei vergisst er jedoch den Krückstock, dem er sein beherztes Auftreten überhaupt zu verdanken hat. Dass es zu keinem größeren Unfall kommt, verdankt Dr. Reiner Wunderland allein seiner blitzschnellen Reaktion und Schwester Paula, die gerade ins Zimmer tritt und an deren herausragendsten Körperteilen Dr. Reiner Wunderland den nötigen Halt findet. Nachdem er sich vielmals entschuldigt hat (auch die Ohrfeige steckt er ohne Murren ein) humpelt er gesetzten Ganges aus dem Zimmer.

Spongo
Sind die jetzt alle durchgedreht. Gestern kam Thorsten hier rein und meinte, wenn er mir meine Verbände wegpusten würde, wäre ich geheilt. Er wäre in Wirklichkeit ein Engel und kein Arzt, obwohl dazwischen ohnehin kaum ein Unterschied besteht. Was ist denn bei euch los?

Paula
Auf jeden Fall laufen hier im Moment zuviel Verrückte mit einem Krückstock durch die Gegend.

Spongo (ruft verzweifelt)
Ich will hier raus! Dieses Krankenhaus gefährdet meine Gesundheit und hat zuviele Nebenwirkungen.

Paula nickt verständnisvoll.

INT, Wohnung von Rüdiger – abends

Rüdiger sitzt an einem Schreibtisch in seinem Hauptzimmer. Markus zieht sich gerade seine coole Jacke aus und eilt dann ebenfalls ans Terminal.

Markus (beim Hinsetzen)
Ich konnte ein bisschen Schotter lostreten. Den müssen wir gleich reinhauen, bevor die Kurse völlig weg sind.

Rüdiger
Silent Moments & Co sind – nach meinen Infos – mitten im Lauf. Natürlich schon nicht mehr so billig wie zu Anfang. Aber wenn's so weitergeht ...

Markus

Lass uns mal rechnen. Wenn die Entwicklung so bleibt, machen wir aus den 30 tausend meiner Mutter in ein paar Wochen das Fünffache. Dann kriegt sie ihr Geld zurück. 120 tausend sind doch ein netter Gewinn.

Beide lachen und stoßen mit Bier an.

Rüdiger

Mann, von der Chance habe ich mein Leben lang geträumt.

Rüdiger nimmt einen tiefen Schluck aus der Buddel.

Rüdiger

Wurde auch Zeit, dass meine Träume endlich mal von der Wirklichkeit eingeholt werden. Und deine Mutter hat das Geld einfach so rausgerückt?

Markus fummelt an der Flaschenöffnung herum, lächelt dann aber.

Markus

Natürlich nicht, ohne mich mit meinem Vater zu vergleichen.

Rüdiger

Ich denke, den kennst du gar nicht.

Markus

Nein! Aber irgendwie erinnere ich meine Mutter immer an ihn. Muss wohl ein ziemlicher Looser gewesen sein. Suffkopp und den Kopf voller Blödsinn. Prost!

Markus und Rüdiger stoßen an und trinken. Rüdigers Gesicht verklärt sich.

Rüdiger

Du wirst es nicht glauben, aber so war ich früher auch einmal.
Markus sieht Rüdiger nachdenklich an. Plötzlich lacht Rüdiger los.

Rüdiger

Aber jetzt bin ich viel reifer geworden.

Beide lachen.

EXT, vor einem Sraßencafé – tags

Angie geht an den draußen stehenden Katzentischen vorbei und wirft einen sehnsüchtigen Blick darauf.

Angie denkt (ihre Stimme ist für den Zuschauer hörbar): Es war einer dieser nervigen Tage in unserer kleinen Großstadt, wo man nicht weiß, ob man sich nun ein Stück Torte reinziehen soll oder doch besser Schuhe kaufen geht. Dann fiel mir ein, ein netter, gutaussehender Mann, der dich in dieses putzige Cafe zu einem Latte einlädt, tut es zur Not ja auch. Wie der Zufall es so will, kommt mir genau in diesem Moment Dr. Malle entgegen.

Dr. Malle
Hallo Angie, lange nicht gesehen. Wie geht's dir denn?

Angie (reserviert)
Tach auch. Naja, geht so.

Dr. Malle
Was macht die Krankenpflege.

Angie (erzürnt)
Manchmal ist es schon ärgerlich, was man sich als diplomierte Krankendingsbums so alles gefallen lassen muss.

Dr. Malle
Spucken dir die Patienten immer auf die Oberweite?

Angie
Im Moment machen mir mehr die Oberärzte zu schaffen. Bei ihnen breitet sich zunehmend ein humpelndes und rumpelndes Wesen aus. Das ist auf Dauer ganz schön anstrengend – und schmerzhaft.

Dr. Malle
Warum steigst du nicht bei mir ein. Ich habe jede Menge Arbeit und bräuchte dringend noch eine tüchtige und attraktive Sekretärin.

Angie überlegt kurz, aber heftig.

Angie
Warum eigentlich nicht. Der Krankenhausmief geht mir eh ein bisschen auf die Nerven. Und immer diese Nörgelei. Schwester, können Sie mir hier etwas rausziehen und da etwas reinschieben.

Dr. Malle (hebt den Zeigefinger)
Nur bei uns herrscht absolute Diskretion und Stillschweigen.

Angie (lacht)
Ich weiß, wie im Bordell neben dem Parlament. Habe ich keine Schwierigkeiten mit.

Auch Dr. Malle lässt sich zu einem – allerdings maliziösem – Lächeln hinreißen.

Dr. Malle
Darf ich dich zur Besiegelung unseres Paktes zu einem Latte einladen?

Angie
Damit hast du fast einen kleinen Tagtraum von mir getroffen.

Dr. Malle
Nur fast?

Angie (lacht)
Fast ganz. Aber jetzt muss ich dringend noch zu Oliver.

Angie denkt (ihre Stimme ist für den Zuschauer hörbar): Schließlich habe ich von einem netten, gutaussehenden Mann gesprochen.

Dr. Malle (nach oben, flehend)
Kevin, kannst du das gutaussehend nicht wieder streichen?

Kevin (im off)
Nein!

INT, Kathys Wohnung – nachts

Kathy und Markus sitzen sehr eng nebeneinander auf Kathys Couch. Beide nuckeln an einem Bier herum.

Kathy
Ob das eine gute Idee ist, das Bistro zusammen mit ihrer Mutter zu machen ist natürlich eine ganz andere Frage.

Markus (nebenbei, ganz nebenbei)
Hat sie auch nach mir gefragt.

Kathy
Nach dir?

Markus (mit stark verschobenem Unterkiefer)
Ja, nach mir!

Kathy
Ach so, nach dir. Sie meinte, dass du vielleicht für die Renovierungsarbeiten ganz gut zu gebrauchen wärst.

Mit glasigem Blick nickt Markus vor sich hin. Kathy schaut seitlich in diesen glasigen Blick hinein.

Kathy
Ich habe Jenny gleich gesagt, dass du zu was anderem viel besser zu gebrauchen bist.

Markus schreckt aus seiner fett-hippen + coolen Pose hoch und schaut Kathy entsetzt an.

Markus
Du hast doch wohl nicht ...

Kathy lässt ein überlegenes Lächeln durch ihr hübsches Gesicht huschen. Dabei streichelt sie Markus den Unterkiefer. Dass sie ihm kein Würfelzucker reinschiebt, liegt einzig und allein daran, dass sie im Moment keinen Würfelzucker in Reichweite hat.

Kathy
Aber ich werde doch meiner besten Freundin nicht erzählen, dass ...

Kathy schmunzelt, dann wird ihr Gesicht vollkommen naiv-ernst.

Kathy
Wo du doch fast der Vater ihres Kindes geworden wärst.

Erschrocken schlägt sich Kathy die Hand auf den Mund, ihre Augen weit aufgerissen und auf Markus gerichtet. Markus dreht ihr langsam, roboterhaft-mechanisch den Kopf zu. Seine Stimme hat sich in verschlungenen Gängen zwischen Kellerverliesen verlaufen.

Markus
Was hast du eben gesagt?

Abspann

Kommt Markus endlich dahinter, dass er fast Vater eines Kindes geworden wäre? Wann funktioniert endlich wieder die Handyverbindung zwischen Spongo und Markus? Wird das Bistro von Jenny und Jennifer ein Erfolg? Und wann verwandelt sich Thorsten endlich wieder zurück in den ganz normalen vertrottelten Arzt, der er vorher war?

Après-Dreh

„Glaub doch ja nicht, dass ich blöd bin." Jenny ist völlig außer sich. Markus verdreht die Augen.

„Während ich mich bei meinen Eltern langweile, hängst du bei Kathy rum und mimst den Casanova."

„Das steht doch so im Drehbuch", verteidigt sich Markus.

„Als wenn nicht jeder wüste, wie gut Kevin zu beeinflussen ist. Und dich mochte er von Anfang an lieber als mich."

„Aber du hast doch mit ihm geschlafen, als du in die Serie reinwolltest."

„Das ist die reine Lüge. Mit Kevin würde ich nur schlafen, wenn mich das vor einer Hinrichtung bewahren würde." Kevin hört im Hintergrund interessiert zu. „Oder vor einer Bettszene mit Kathy."

Kevin trinkt einen Schluck Cola. „Hört, hört", murmelt er.

Jenny dreht sich nach ihm um. „Bestimmt hat Markus vor dir mit hängender Zunge gestanden und hat dich angefleht: ‚Bitte, mach eine saftige Bettszene daraus, wo ich sie am ganzen Körper streicheln kann'. War es nicht etwa so, Kevin?"

Kevin räuspert sich und setzt ein ernstes Gesicht auf. „Also, die Frau würde ich nicht mehr heiraten, Markus. Die hat dich ja völlig durchschaut."

Markus verschluckt sich an seinem Bier. „Kevin, du Sau, sag sofort, dass das ein Scherz …"

„Und warum hat der süße Markus dann nicht seinen Willen gekriegt?" Jenny ist auf 180 und Kevin findet das reale Leben mittlerweile richtig schön abwechslungsreich. Er sieht in seinem Produktionsplan nach. „Hat er doch. Die Szene wird Morgen gedreht. Bis an die Grenze dessen, was der Jugendschutz noch zulässt. So wie du es wolltest, Markus. Aber das mit dem Präservativ ging leider nicht durch."

Markus reißt entsetzt seine Augen auf. Jenny hätte mit Düsenantrieb die Kantine nicht schneller verlassen können.

Als Ralf an Rüdiger vorbeigeht, nimmt er dem routinemäßig die Bierflasche weg. „Ach, ist ja nach Drehschluss", fällt ihm dann ein und stellt das Bier wieder hin. Rüdiger lächelt selig und nuckelt gleich mal an der Flasche rum. Für Rüdiger ist die Rolle ‚Rüdiger' die

Rolle seines Lebens. Wie Robert Mitchum kann er fast immer neben seinen Text ‚NAR' dranschreiben, No acting required.

Angie sitzt neben Thorsten und Reiner. „Solch geistvollen Worte aus deinem Mund, fand ich richtig lustig."

Thorsten überlegt kurz. „Soll das jetzt eine Beleidigung sein?"

Angie fummelt Thorsten unkoordiniert im Gesicht rum. „Aber nein, Schätzchen. Ich wollte damit nur sagen, dass deine Worte ein zu hohes Niveau für uns hatten."

„Ach so." Thorsten grinst und lehnt sich zufrieden zurück. Er kann sich einfach nicht merken, dass die Bierbänke in Tante Trudys Kantine keine Rückenlehne haben. Die Hauptbetroffenen waren aber nicht Angie und Reiner, die neben ihm saßen, sondern Judith und Kathy, die auf der Gegenseite gerade über den Mundgeruch von Markus ablästerten. Man soll ja nicht glauben was Bier, Cola und Sekt zusammen für eine Sauerei anrichten können. Und Tante Trudy spart bei ihren sagenhaften Hamburgern auch nicht mit der Soße. Man sollte meinen, das wäre das einzige, was unser Sender noch zur Genüge hat.

Und dann schufen die Götter den Fußball

Fußball ist zwar nicht unser Leben, aber es gibt ihm einen Sinn. Er ist die imaginäre Bewegung der Coach-Potataos, der Kampf in kriegslosen Zeiten und der Mann als sexuelles Objekt der Begierde, mit zeitweiliger Blutungsneigung. Nichts am Fußball ist bedeutungslos, aber alles imponiert durch spielerische Sinnfreiheit. Wer keinen Fußball im Kopf hat, der hat den Finger auch nicht am Puls der Zeit.

Apropos Zeit: ich muss mich auf den Weg machen. Seit neuestem bin ich zum Zeugwart des Fußballvereins unserer durch ihn bekannt gewordenen Großstadt aufgestiegen. Ich darf den Jungs also die Trikots und die gebügelten Hosen hinterhertragen, damit sie die auf dem Platz ordentlich einsauen können. Aber dies war natürlich nicht mein Beweggrund eine derart tragende Funktion im Verein einzunehmen; vielmehr hat es mich gejuckt, einen Einblick in das Innere des Grals, in das Herz der Heiligtümer moderner Gefühlsbildung zu bekommen.

Sind denn die modernen Fußballstadien nicht Kathredalen der Moderne, mit festgeschriebener Liturgie, Pastor und Choral.

Da sind es oft nur kleine Schritte vom Seelenheil zum Kantersieg – oder umgekehrt.

Ich höre schon die Liturgie der Zukunft, den durchgeistigten Dialog zwischen Stadionsprecher und Fankurve. Hören wir doch einfach mal rein.

Stadionsprecher: „Denn dein ist das Reich und die Kraft und die Herrlichkeit"
Und die Tribüne antwortet: „Amen."

Stadionsprecher: „Aber der Sieg ist …"
Tribüne: „… UNSER"

Stadionsprecher: „Möge unser Gegner …"
Tribüne: „… am Tabellenende schmoren".

Stadionsprecher: „Und möge der Schiedsrichter …"
Tribüne: „… erleuchtet sein"

Stadionssprecher: „Von den heiligen Schwingungen …"
Tribüne: „… des Vereinsgeistes"

Stadionsprecher: „Und gib uns heute …"
Tribüne: „… unsere drei Punkte"

Stadionsprecher: „Wie auch wir vergeben ..."
Tribüne: „ ... saftige Niederlagen"

Stadionsprecher: „Und führe uns ..."
Tribüne: „... in die Championsleague"

Stadionsprecher: „Denn Dein ist der Ball und die Spielkunst und der Mannschaftsgeist ..."
Tribüne: „... in Ewigkeit. Amen."

Bei dieser Einstimmung werden zur Unterssstützung jede Menge geistige Getränke zu sich genommen. Und dann kommen sie endlich, die Halbgötter in kurzen Hosen und laufen auf den Platz. Der Trainer probt an der Seitenlinie zum letzten Mal einen Wutanfall und dann kann das Spiel beginnen.

Wer immer noch glaubt, Fußball auf Bundesliga-, Premier League- oder Primera Division-Niveau habe noch etwas mit dem rustikalem ländlichen Gebolze, dem herzhaften Tritt gegen das Schienbein des Gegners oder dem hinterhältigen Geschubse im Strafraum zu tun – der hat sich nicht getäuscht.

Der eigentliche Unterschied zwischen den Spielklassen liegt in dem Grad, in welchem die Verständigung zwischen den Spielern immer schwieriger wird. Gemeint ist damit die verbale Verständigung, welche gestisch nicht mehr zu bewältigen ist. Dies ist durchaus noch der Fall bei: „Du blöder Wichser sollst mir den Ball rüberpassen, weil du ohnehin nie ins Tor treffen wirst." Einmal Vogel zeigen, mit leicht geöffneter Hand vor der Hose rumfummeln, sich mit der Tarzanfaust gegen die eigene Brust schlagen und dem kooperationsunwilligen Mitspieler eine kleine Stollenmassage des Großen Zehs verpassen.

Doch zuweilen kommt auch der moderne Fußball nicht gänzlich ohne eine etwas feingesponnere Kommunikation aus. Da müssen etwa strategische Anweisungen des Trainers weitergegeben werden. Deshalb wurde zum Beispiel kürzlich bei uns der Stürmer Ivan Gottasowitsch verpflichtet. Der hat zwar seit drei Jahren kein Tor mehr erzielt, war deshalb auch ungeheuer billig, aber er spricht kroatisch und spanisch. Das Spanische ist ihm dabei behilflich den Trainer Solan Gonzales zu verstehen, das Kroatische braucht er wiederum, um die Anweisungen des Übungsleiters an unseren Wunderstürmer Zoltan Krdcotztckzs (gesprochen: Krüger) weiterzugeben.

Überhaupt ist unsere Mannschaft nur deshalb ins internationale Geschäft reingerutscht, weil der Trainer genau weiß, wen er wo aufstellen muss. Da ist zum Beispiel unser Innenverteidiger Boccarone Tantorizzo. Der Mann ist als Verteidiger einsame Spitze, nach vorne hin aber leider fast gar nicht zu gebrauchen. Solan Gonzales sagt immer: „Atacar Nuncarissimo" und kriegt einen

Wutanfall 4. Ordnung.

Bei der Verteidigung aber verfolgt Boccarone Tantorizzo lediglich eine einzige Strategie. Wenn ein Spieler auf ihn zugedribbelt kommt, bleibt er ganz ruhig. Der gegnerische Stürmer schlägt einen Haken nach links und einen Haken nach rechts, doch Boccarone Tantorizzo bleibt einfach stehen und schaut dem Stürmer in die Augen. Der macht aus lauter Verzweiflung nun einen Übersteiger nach dem nächsten. Aber Boccarone Tantorizzo rührt sich nicht von der Stelle, geht mit keinem Wimpernschlag auf die vielfältigen Täuschungsmanöver des gerissenen Stürmers ein. Nun ist der Abstand zwischen den beiden auf ein Minimum reduziert. Der Stürmer täuscht links, täuscht rechts an – und rennt schließlich mit voller Wucht in unseren Innenverteidiger hinein. Stürmerfoul.

Boccarone Tantorizzo Geheimnis ist dabei ganz einfach. Er versteht die Tricks überhaupt nicht, er hat vom Fußball nicht die geringste Ahnung, aber dadurch wird er als Rammbock gegen die modernen Übersteiger zur reinsten Wunderwaffe.

Ein anders Beispiel ist NdongoMbomba. Er ist ein begnadeter Stürmer, braucht aber leider immer noch seinen Suaheli-Dolmetscher. Ein Antrag, dass dieser ihn auch auf dem Spielfeld begleiten darf, natürlich ohne ins Spielgeschehen einzugreifen, ist vom DFB leider abschlägig beschieden worden. Und so irrt er denn weiter umher.

Um ihm zumindest eine Grob-Orientierung zu geben, versammeln sich unsere Spieler nach der Seitenwahl im Mittelkreis und nehmen NdongoMbomba in ihre Mitte. Dann recken alle ihre Arme weit nach oben, stimmen ein eintöniges Gesumme an und drehen die leicht geöffneten Handflächen hin und her. Nachdem das Gesumme stark angeschwollen ist, knicken die Spieler plötzlich ein und weisen mit zwei Armen und einem Bein auf das Tor, auf welches in dieser Halbzeit gespielt wird.

Die Zuschauer haben dieses Ritual begeistert aufgenommen. Allerdings bedurfte es einer ganzen Reihe an Lautsprecherdurchsagen, sie sollten beim Mitmachen die Beinbewegung unterlassen, da die Sanitäter im Stadion in erster Linie für verletzte Spieler gedacht sind.

Im Mittelfeld gibt natürlich ein Mittelfeld-Brasilianer den Ton an. Dada ist sein Künstlername, weil sein Bruder immer ‚Da, da‘ sagt, wenn er ein Eis von ihm will. Dies entbehrt nicht einer gewissen Tragik, weil der Bruder da da schon 25 Jahre alt war.

Aber was soll's, Dada spielt einen gepflegten Stiefel, lässt den Ball laufen, rennt hinterher und kriegt ihn manchmal sogar wieder. Hat er auf diese Weise einige Gegner verwirrt, kommt zuweilen der tödliche Pass auf NdongoMbomba, der dann nicht lange zögert. Der fängt an zu dribbeln und wir sind alle froh, wenn er nach vier bis sechs umspielten Gegnern nicht allzuviel Boden verloren hat. Aber es macht ihm Spaß, und dem Publikum auch.

Dies ist immer der Moment, dass Ivan Gottasowitsch, unser Kommunikator im Sturm, anfängt im Strafraum unauffällig ein altes suahelisches Jagdlied zu pfeifen. Dann weiß NdongoMbomba wieder wo es lang geht. Kurze Zeit später hat er dann meistens die Strafraumgrenze erreicht. Hier nimmt ihn dann unser Wunderstürmer Zoltan Krdcotztckzs unsanft den Ball ab und hämmert den Ball in die Maschen. So nimmt das Spiel seinen Lauf.

Es ist mittlerweile üblich geworden, dass sich die Spitzenvereine gegenseitig die Spieler wegkaufen. Nicht weil man den Spieler unbedingt haben will, sondern damit ihn der andere Verein nicht mehr hat. Zur Not setzt man ihn dann im eigenen Verein einfach auf die Bank oder die Tribüne.

Unter den Managern hat sich da ein ganz eigenes Spiel entwickelt – und eine eigene Form von Kommunikation. Wenn der Manager von Verein A sagt: „Ich will den NdongoMbomba haben und biete fünf Millionen." Dann sagt unser Manager: „NdongoMbomba ist im Moment unverkäuflich." Er meint damit: „Wenn du unseren NdongoMbomba aus dem Verkehr ziehen willst, musst du noch eine ganze Menge drauflegen." Daraufhin sagt der Manager von Verein A der Presse: „Wir stehen noch in Verhandlungen." Womit er unserem Manager mitteilt: „Ich denke über deine völlig überzogenen Forderungen nochmal nach." Macht er schließlich ein höheres Angebot, sagen wir mal acht Millionen, lässt unser Manager verlautbaren: „NdongoMbomba wird seinen Vertrag bei uns erfüllen. Ein vorheriger Wechsel käme unter gar keinen Umständen in Frage." Übersetzt: „Du musst noch etwas draufpacken."

Der Manager von Verein A teilt daraufhin der Presse mit: „Wir stehen mit einem anderen Spieler in Verbindung, der die angedachte Position von NdongoMbomba ebensogut ausfüllen kann, vermutlich sogar besser." Auf die Nachfrage der Presse, um welchen Spieler es sich denn dabei handele, antwortet der Manager, dass er darüber im Moment noch nichts verlautbaren dürfe, die Verhandlungen werden unter strengstem Stillschweigen geführt. Unser Manager lässt nebenbei die Presse wissen: „Wir sind froh, dass NdongoMbomba bei uns bleibt. Er selbst möchte seinen Vertrag bei uns erfüllen. Er fühlt sich wohl hier. Endlich sei Schluss mit dem gepokere" Dem anderen Manager hat er damit mitgeteilt: „Den Bluff mit dem anderen Spieler kannst du deiner Oma erzählen. Pack noch etwas drauf."

Und dann kommt ganz plötzlich die Meldung über Agentur: „NdongoMbomba geht für zwölf Millionen nach Verein A. Man habe sich auf diese Summe geeinigt."

Wenn dann ein Reporter, mit Hang zum Investigativen, unseren Manager fragt, warum denn NdongoMbomba jetzt plötzlich doch gehe, wo er sich doch in unserem Verein so wohl fühle, so erhält er die aufgeräumte Antwort: „Wissen Sie", unser Manager nimmt den Reporter dann etwas zur Seite, das muss ja nicht jeder hören. „Wissen Sie, NdongoMbomba hat schon seit längerer Zeit Heimweh, deshalb hat er auch so hin und her gedribbelt. Er wusste einfach nie so genau wo er hingehört. Und vor kurzem hat er mir auf Suaheli anvertraut, dass er zumindest etwas weiter südlich spielen möchte. Dann fühlt er sich seiner Heimat etwas näher." Dann schaut unser Manager dem investigativem Reporter tief in die Augen und sagt: „Wissen Sie, wir haben unseren Spielern noch nie Bauklötze in den Weg gelegt. Das ist nicht unser Stil. So etwas überlassen wir anderen Vereinen. Sie wissen, wen ich meine." Klopft dem Reporter auf die Schultern, macht ein tragisches Gesicht und geht von dannen.

Nach einer gewissen Zeit habe ich einigermaßen rausgekriegt wie der heilige Laden läuft. Mir hat das gereicht. Wenn Sie mehr wissen wollen, werden Sie doch selber Zeugwart und legen das Ohr an den Puls der Zeit. Aber die meiste Zeit hören Sie vermutlich nur ein seichtes Rauschen.

8. Drehtag

INT, Olivers Wohnung – morgens

Oliver sitzt mit seiner Mutter Olivia am Frühstückstisch. Die Stimmung ist lediglich ‚leicht depressiv', also für hiesige Verhältnisse recht gut. Es klingelt. Oliver öffnet mit der Fernbedienung seine Wohnungstür und Angie kommt herein.

Angie
Hallo!

Oliver + Olivia
Hi!
Angie setzt sich an den Frühstückstisch. Oliver holt aus dem Schrank einen Teller und Besteck und legt es vor Angie auf den Tisch.

Oliver
Nett, dass du vorbeischaust.

Angie
Besser als andersrum, nicht wahr? Genau deswegen bin ich hier. Thorsten hat dir doch den Befund präsentiert, den mit dem Hirntumor.

Oliver
Ich hatte nur einen Befund, der hat auch gereicht.

Angie fuchtelt mit dem Messer in der Gegend herum.

Angie
Der Befund ist falsch.

Oliver und Olivia sehen sich entgeistert an.

Oliver
Wie? Falsch? Hat es sich der Tumor inzwischen anders überlegt? Oder hatte das MRT einen Sehfehler?

Angie
Der Befund war richtig, aber für eine andere Person.

Oliver
Und das heißt?

Angie
Du bist kerngesund. Bis auf die Depressionen.

Oliver schaut Olivia an.

Oliver
Wie findest du das?

Olivia
Es ist einfach deprimierend, dass man sich aber auch auf gar nichts mehr verlassen kann.

Oliver ist plötzlich ernüchtert.

Oliver
Weißt du was das bedeutet?

Er sieht abwechselnd seine Mutter und Angie an, so dass nicht ganz klar ist, mit wem er spricht.

Oliver
Das ganze Geld, was ich in den letzten Tagen rausgeschleudert habe. Scheiße nochmal! Und meine Depression hatte ich fast ganz vergessen. Dem Hausmeister, allen meinem Chef, der Knöllchen-Polizistin an der Ecke, Frau Schröder von nebenan …

Angie (besorgt)
Ja, was ist denn mit denen?

Oliver
Allen habe ich erzählt, das sie in meinen Augen Drecksäcke und Arschlöcher sind.

Oliver treten Tränen in die Augen.

Oliver (verzweifelnd)
Wie krieg ich das nur wieder hin?

Angie legt fürsorglich ihre Hand auf Olivers, die platsch und flatsch, ergeben in ihr Schicksal, auf dem Tischtuch liegt.

Angie
Nimm's doch nicht so schwer. (überlegt) Erzähl denen doch einfach, dass sie dir im Krankenhaus Drogen gegeben haben.

Olivia (begeistert)
Genau! Dann entschuldigst du dich, und sagst, dass da wohl auch
eine Wahrheitsdroge bei war. Da kannst du schließlich nichts für.

INT, Jennys Bistro – tags

Jennys neues Bistro ist eine Baustelle. In der Mitte des Raumes
lümmelt ein altes Sofa herum. Davor stehen Wolle, Jenny und Jennifer.
Jennifer schenkt gerade Kaffee aus einer Thermoglaskanne ein.

Wolle
MannOmann! Klasse, einfach ganz große Klasse.

Jenny
Wart's ab, bis es renoviert ist.

Wolle
Renoviert. Ja, klar.

Jenny
Hier hinten schräg kommt die Bar hin. Da kann man sie gut sehen.

Jennifer
Und hier vorm Sofa kommt die Tanzfläche hin. Da wird man gut
gesehen. (wackelt mit dem Hintern)

Jenny
Aber Mutter. Das ist ein Bistro. Hier werden Probleme besprochen
und manchmal auch gelöst. Aber dann tauchen meist sofort wieder
neue Probleme auf. Tanzen ist da einfach nebensächlich.

Jennifer (eingeschnappt)
Probleme kann man wegtanzen.

Jenny (genervt)
Aber das ist doch nicht der Sinn der Sache.

Kathy kommt von links mit Markus in den Raum. Es gibt ein
großes Hallo und allseitige gegenseitige Küsserei, die zwischen
Markus und Jenny allerdings eine recht luftige Angelegenheit ist.
Auch Kathy und Markus wird ein Kaffee eingeschenkt.

Markus
Und ihr steigt jetzt groß in die Gastronomie ein?

Jenny
Wie man sieht.

Markus nickt anerkennend und verzieht die Mundwinkel nach unten.

Markus
Und ich habe gehört, du brauchst noch einen fähigen Handwerker.

Jenny
Ja, kennst du einen? (räuspert sich) Entschuldige, du kannst natürlich helfen, wenn du magst.

Markus ist peinlich berührt und räuspert sich ebenfalls.

Markus
Gerne. Vielleicht könnten wir dabei auch mal miteinander sprechen – allein. (lächel)

Jenny sieht Markus abwägend an.

Jenny
Wenn ich mit jemanden allein sprechen will, rede ich mit mir selbst. Da hört mir wenigstens jemand zu, der mich ansatzweise versteht.

Kathy (fröhlich)
Dann ist ja alles geklärt. Und die Einweihungsfete ist gleichzeitig großer Freundestreff? Klasse, wo sollen wir anfangen?

INT, Krankenhaus, Patientenzimmer – tags

In der Mitte liegt ein Patient, an dem Thorsten, Paula und Judith routinemäßig herumdoktern.

Thorsten
Es ist alles sehr verschwommen. Ich kann mich gar nicht erinnern. Jetzt erst lichten sich langsam die Nebel.

Judith
Du hast die Patienten versorgt, wie immer.

Paula (streng)
Dein Krankenlager hast du gegen meinen Rat verlassen.

Der Patient hebt den Kopf und hört verwundert zu.

Patient (ächzend)
Herr Doktor, ich glaube meine neue Herzklappe klappert.

Thorsten (zum Patienten)
Das gibt sich im Laufe der Zeit, die muss sich erst einarbeiten. (zu Judith und Paula) Ich habe doch hoffentlich keine Fehler gemacht.

Judith (gleichgültig)
Nicht mehr als sonst auch.
Thorsten fasst sich verwirrt an den Kopf.

Thorsten
Und gestern habe ich schon wieder operiert?

Paula
Du hast sogar ohne zu meckern meine Tupfer angenommen. Keine Ahnung, wo du die alle hingepackt hast.

Thorsten (besorgt)
Und wie haben die Patienten reagiert.

Patient (ächzend)
Manchmal verstehe ich mein eigenes Wort nicht mehr.

Judith (denkt kurz nach)
Gelassen, würde ich sagen.

Thorsten (verzweifelt)
Ich kann mich an gar nichts erinnern.

Paula (schüttelt dem Patienten das Kopfkissen auf)
Die Patienten auch nicht.

Patient (krächzend)
Manchmal schmatzt sie auch. Ekelhaft.

Judith
Tröste dich, wir haben dir als Assistenten Dr. Reiner Wunderland an die Seite gestellt.

Thorsten
Mein Gott!

Judith (seufzt)
Der war hoffentlich auch dabei.

Paula (verträumt)
Als du noch im Bett gelegen hast, und ich dich pflegte, warst du völlig sorgenfrei.

Thorsten und Judith sehen Paula fragend an.

Judith (giftig)
Was meinst du damit?

Paula (schwärmt)
Da war er Wachs in meinen Händen. (räuspert sich verlegen) Naja, nicht sein ganzer Körper.

Judith schaut Thorsten wütend an.

Thorsten (entschuldigend)
Ich kann mich an nichts erinnern.

Judith (sauer)
Nicht mal im Koma kannst du dein Pferd im Stall lassen.

Blitzblicke verteilend rennt Judith aus dem Zimmer. Im Flur rennt sie beinahe Dr. Reiner Wunderland um. Der sieht recht derangiert aus. Neben einem um den Hals gewickelten Krückstock, weist er zwei blaue Augen (Blutergüsse) auf. Judith bleibt kurz stehen, denn der Anblick erheitert sie.

Judith
Was ist denn mit dir geschehen? Und wie schafft man es, einen Krückstock um den Hals zu wickeln? (lacht)

Reiner (verkniffen)
Dr. Maus ist sauer geworden. Ich würde ihm sein mühsam aufgebautes Image versauen, hat er gesagt. Und dann hat er mit seinem Krückstock noch Dong-Dang gemacht, und gesagt, ich solle in Zukunft die Finger vom Ding lassen. Verstehst du das?

INT, Olivers Wohnung – tags

Oliver, Olivia und Angie sitzen am Tisch.

138

Oliver (vollmundig)
Was soll's. So alt sind wir ja noch nicht. Nehmen wir die Herausforderung Leben nochmal an.

Olivia (zärtlich)
Mein armer Junge.

Angie sieht Oliver bewundernd und mit einer gehörigen Portion Zärtlichkeit im Blick an.

Angie
So gefällt's du mir schon besser. Pack die Zukunft mit den Zähnen. Zerfleddere sie. Sie gehört dir.

Oliver (überlegt)
Ich glaube, ich werde mal wieder als Modeschöpfer arbeiten. Vielleicht eine neue Kollektion.

Angie (klatscht in die Hände)
Toll, so gefällt's du mir.

Zärtlich streichelt Angie Olivers Hand. Olivias Blick strebt gen Himmel. Da sie sich aber in Olivers Wohnung befinden, bleibt er an der Zimmerdecke hängen.

Olivia
Wenn das mal nur alles gut geht.

INT, Büro von Dr. Malle – tags

Dr. Malle (Ralf) sitzt in seinem großen Chefsessel und telefoniert. Währenddessen kommt Angie durch die Eingangstür des Vorzimmers herein. Die Tür zum Büro von Dr. Malle steht einen Spalt weit offen, so dass Angie unweigerlich das Gespräch mithört.

Dr. Malle (mit weltmännischer Gestik, Mimik und Handbewegung) Ja, wir lassen den Ballon noch ein bisschen weiter steigen, bevor wir ihn platzen lassen. Wir müssen jetzt ein akkurates Timing an den Tag legen. Sei also bereit. Jeden Moment kann das Signal zum Abschuss kommen. Und dann ist es vorbei mit ,Silent Moments'. Dann macht es nur noch Bummsfallera.

Er legt den Hörer auf. Angie kommt herein. Dr. Malle blickt skeptisch.

Dr. Malle
Hast du eben zugehört?

Angie legt ihm zwei Akten auf den Schreibtisch.

Angie
Ja, es ließ sich nicht vermeiden. Die Tür stand auf.

Dr. Malle
Wie dumm von mir.

Angie (beiläufig)
Das klang eben nicht sonderlich legal.

Dr. Malle knabbert an einem Bleistift.

Dr. Malle
Ich gebe zu, dass es gewisse Grauzonen gibt, aber illegal ist das nicht. Es gibt da gewisse Spielchen an der Börse, von denen sollte man die Finger lassen, wenn man zu wenig Ahnung hat.

Dr. Malle lächelt. Er steht auf und schnappt sich seine Ledertasche.

Dr. Malle
Ich muss nochmal weg. Du hältst hier die Stellung?

Angie (lächelt angestrengt)
Natürlich.

Nachdem Dr. Malle das Büro verlassen hat, schnappt sich Angie den Telefonhörer und ruft Oliver an.

Angie
Hallo, hier Angie … Ah ja, fein … Hier laufen seltsame Dinge ab … Weiß nicht, ob ich das richtig gemacht habe … Ja, er ist wohl immer noch ein Lump … Irgendwelche Aktiengeschäfte … erzählt was von ‚Ballon platzen lassen' … und warte: von ‚Silent moments', hat er auch was gesagt … Spongo? … Im Krankenhaus? … Und weißt du was genaues? … Ja, dann rede mit ihm sobald er raus ist.

INT, Krankenhaus, Besprechungszimmer – nachmittags

Spongo und Dr. Reiner Wunderland sitzen sich am Schreibtisch gegenüber. Spongo hat nur noch ein paar Pflaster am Kopf. Dr. Reiner Wunderland hat nach wie vor zwei blaue Augen.

Spongo
Bin ich froh, dass ich endlich rauskomme.

Reiner
Aber es geschieht auf ihre Verantwortung.

Spongo
Auf wessen Verantwortung denn sonst?

Reiner
Auf die des behandelnden Arztes.

Spongo
Also auf Ihre?

Dr. Reiner Wunderland nickt bedeutungsschwer und macht eine Aktennotiz.

Spongo (murmelt)
Das Risiko wäre ich nie eingegangen.

Reiner
Wie bitte?

Spongo
Nichts.

Dr. Reiner Wunderland legt ihm die Akte zur Unterschrift hin. Spongo unterschreibt. Er sieht sich Dr. Reiner Wunderland genauer an.

Spongo (grinsend)
Na, gestern abend auch in der Disco gewesen?

Spongo geht hinaus und trifft auf Thorsten, der mit schleppenden Schritten gerade feststellt wie lang Krankenhausflure sein können.

Spongo
Und wie?

Thorsten
Ich muss hier raus.

Sie gehen zusammen den Flur runter.

Spongo
Ich muss hier auch raus. Wenn ich bedenke, dass Thier, unser Schlagzeuger, jetzt hier rein muss …

Thorsten
Warum das?

Spongo
Er hat sich bei seinem letzten Schlagzeugsolo die Kniescheibe zertrümmert.

Spongo lacht und legt den Arm um Thorsten, der schlicht verdrießlich schaut.

Spongo
Lass uns mal bei Jenny vorbeischauen. Die macht gerade ein Bistro auf.

Thorsten nickt resigniert.

INT, Jennys Bistro – abends

Es wuseln jede Menge Leute rum und sind am arbeiten. Oliver kommt gerade mit seiner Mutter, Olivia, und Angie rein. Jennifer kommt gleich mit der Thermosglaskanne auf sie zu.

Jennifer
Kaffee?

Oliver hält ihr einen Becher hin.

Oliver
Lässt sich wohl kaum vermeiden.

Jennifer
Das ist sozusagen der Passierschein.

Oliver
Wie kommt ihr voran?

Jenny
Ungeheuer schnell. Alle helfen: Freunde, Bekannte, Bühnenarbeiter.

Oliver
Wann ist Eröffnung?

Jenny
Übermorgen Abend. Alle Freunde sind eingeladen. Aber sie müssen wenigstens einen Elternteil mitbringen.

Oliver überlegt und sieht Olivia an.

Oliver
Moment. Die Idee stammt doch von uns.

Jenny macht eine wegwerfende Handbewegung.

Jenny
Du weißt doch, was der Kevin für ein Chaot ist. Der kriegt doch eh alles durcheinander.

Ralf (Regisseur, im off, brüllt)
Eh, was soll das denn? Das steht doch nicht auf dem Prompter.

Jenny
Aber fast. Außerdem geht ihr davon aus, dass der Zuschauer sowieso nichts merkt. Hier laufen doch die ganze Zeit Bühnenarbeiter rum, die mit unserer Geschichte nichts zu tun haben. Lauter nicht mal schlecht eingeführte Charaktere.

Ralf (Regisseur, im off, deklamiert)
Die bekommen ein paar labbrige Designerklamotten an, einen Kaffeebecher in die Hand und dann gehören sie eben dazu. Mensch, wir werden doch sonst nicht fertig. Jenny, du machst mit deinem richtigen Text weiter.

Ralf (Regisseur, im off, ruft laut)
Kevin, der ist doch fertig, oder?

Kevin (Drehbuchautor, im off, gurgelt)
Hab ich gerade in die Textmaschine eingegeben. Sorry.

Ralf (Regisseur, im off, verwundert)
Kevin, was treibst du da. Irgend so eine neue Sexualpraktik?

Kevin (Drehbuchautor, im off, spuckt aus und spricht)
Ich putze mir die Zähne. Schlechter Geschmack. Habe die ganze Nacht durchgearbeitet.

Ralf (Regisseur, im off, verächtlich)
Gearbeitet. (brüllt) Jenny. Weiter.

Jenny
Übermorgen Abend. Alle Freunde sind eingeladen. Aber sie müssen wenigstens einen Elternteil mitbringen. Wer beide schafft, gewinnt einen Preis. Wir haben eure Idee in mein neues Bistro verlegt. Das ist doch in Ordnung, oder?

Oliver (lächelt)
Voll in Ordnung.

Spongo und Thorsten stiefeln herein, kriegen von Jennifer ihren Kaffee und gesellen sich zu Jenny, Oliver, Olivia und Angie.

Oliver
Spongo, gut dass du kommst. Angie arbeitet gerade bei Malle, dem Schwein, und hat da was mit einem Börsenbetrug aufgeschnappt. Du hast da doch sowas schon mal erwähnt.

Spongo (aufgeregt)
Der Markus ist da eingestiegen. Malle und ein Geschäftspartner wollen da ein Ding platzen lassen. Irgendwas mit ‚Silent Moments' oder so. Wo ist Markus denn?

Spongo sieht die anderen fragend an. Jenny sieht sich um und macht ein erstauntes Gesicht.

Jenny
Vor nicht allzu langer Zeit war er noch hier. Kathy ist wohl auch weg. Keine Ahnung, wo die hin sind.

Die Freunde sehen sich beunruhigt und ratlos an.

INT, Kneipe – nachts

Markus und Rüdiger sitzen mehr breit als hoch an einem Tisch in der ziemlich heruntergekommenen Spelunke ‚Midways' und bestellen gerade ihr weiß-ich-auch-nichmehrwievieltesbier. Die Gedanken sind weit, die Zunge schwer.

Rüdiger
Das war meine dritte Pleite. Da hat meine ‚geliebte Ex' gesagt,

sie zahlt mir nur noch einen regelmäßigen Unterhalt, aber keine fünfstellige Stütze mehr, für meine windschiefen Unternehmungen.

Markus
Man muss doch was erreichen im Leben. Ein bisschen Risiko muss sein, aber das verstehen Frauen nicht. Die sind immer so vernünftig. Einfach langweilig.

Rüdiger
Als irgendwann in der Steinzeit ein Mann gerade dabei war das Rad zu erfinden, da hat seine Frau gesagt, aber erst bringst du den Mülleimer raus. Und das hat bei diesen weitläufigen Höhlen natürlich gedauert.

Rüdiger und Markus prosten sich unsicher zu.

Rüdiger
Und dann hat er noch die Kinder zur Schule gebracht, weil seine Frau gerade eine neue Stelle im Steinbruch angefangen hat. (hicks) Denn schließlich wollte man irgendwann mal in seiner eigenen Höhle wohnen. Und als er sich dann wieder an seinem Rad zu schaffen machen wollte, kommt seine Frau auf diese grandiose Idee mit dem Panoramafenster zur Südseite.

Rüdiger und Markus prosten sich nochmal zu und lassen mit aufgestütztem Arm Gerstensaft in sich hineinlaufen.

Rüdiger
Und so musste die Welt eben zweitausend Jahre länger auf die Erfindung des Rades warten. Macht ja nichts. Und wo schläfst du heute nacht?

Markus beschreibt mit seinem Bierglas Kreise über dem Tisch.

Markus
Weißnich. Ist denn nicht schon Morgen. Mit Kathy ist es im Moment auch schwierig. Der Empfang von Jenny war zwar kühl bis frostig, aber dann hatten wir mitten in den Schraubarbeiten doch wieder einen ganz netten Blickkontakt. Das hat Kathy mitgekriegt. Und wie Frauen nunmal so sind.

Markus schüttet den Rest in sich rein und hebt die Hand für eine neue Bestellung.

Markus (verträumt-versäuselt)
Aber es waren nette Blicke.

Rüdiger
Mit netten Blicken fängt es an. Mit netten Blicken hört es wieder auf.

Markus schaut Rüdiger mit verschleiertem Blick an.

Markus
Wiemeinsdenndas?

Rüdiger
Weißnich. Hört sich aber doch gut an.

Beide nicken bedeutungsschwer.

Abspann
Ist Markus noch zu retten? Wird Jennys Bistro rechtzeitig fertig? Kriegt Dr. Malle mit, dass Angie geplaudert hat? Wenn ja, wie reagiert er darauf?

Après-Dreh
Seitdem der Befund mit dem Hirntumor vom Tisch ist, lebt Oliver wieder auf. Kevin: „Bei uns sterben die Leute erst, wenn ich das will." Außerdem ist er der Meinung, dass wir in Olivers Charakter „mal wieder eine Kurve einbauen müssen, sonst wird er zu geradlinig und hat keine Tiefe". Was Drehbuchfuzzis eben so labern.

Zwar kommen sich Angie und Oliver in der Serie näher, doch in der Kantine wird die Distanz eher größer.

Ein „Irgendwie hab ich wieder mehr Elan" von Oliver wird von Angie lediglich mit einem „Das ändert sich auch wieder" honoriert. Aber sie gehen immer noch zusammen aus der Kantine nach Hause, was immer das bedeuten mag.

Überhaupt keinen Reim kann ich mir auf den momentanen Stand der Geschichte zwischen Judith und Kevin machen. Sie piesackt ihn wohl häufig damit, dass ihr „Charakter auch mal wieder eine Kurve bräuchte", aber er kontert lediglich, dass sie genug Kurven hätte, da bräuchte der Charakter nicht auch noch eine. Ansonsten scheint sie im Moment kein anderes Eisen im Feuer zu haben, und so kann sie sich ihre sexuelle Befriedigung ebensogut bei Kevin besorgen.

Diese Beziehung hat für sie wenigstens potenziell angenehme Nebenwirkungen. Kevin untermauert solche Seitenspekulationen natürlich mit seinem Gerede eines Projektes, bei dem er wirklich gute Schauspieler(Innen) bräuchte. Das Gequatsche ist zwar so alt wie die Filmgeschichte, wird aber immer wieder gerne geglaubt.

Die Menschheit lernt eben nicht dazu, und was soll man da erst von Schauspieler(Innen) erwarten.

Richtig niedlich gehen Olivia und Wolle miteinander um. Ich kann mich des Verdachts zwar nicht erwehren, dass Olivia an Wolle ein bisschen auch ihre ungewohnte Mutterrolle übt. Sie ist erst 33 und wird für ihre Rolle auf 38 geschminkt, damit es einigermaßen durchgeht. Als schwieriger hat sich ihr lustiges Naturell erwiesen. Wohl hat sie einen Crash-Kurs auf der Heul-Akademie absolviert, aber ihre „Depressionen kommen immer noch zu lebenslustig rüber" wie Ralf moniert.

Jedenfalls sitzen Olivia und Wolle auch an diesem Abend wieder zusammen und Olivia schützt „ihren Wolle" vor den bösartigen Attacken der Zicken, den „Zick's attack" wie sie gerne sagt.

Gerade kommt Angie vorbei und lässt ihre Finger durch Wolles dichtes und lockiges Haupthaar streichen.

„Wann wird mein Schätzelchen denn das nächste Mal geschoren?" gurrt sie. „Davon möchte ich auch gerne einen Pullover haben. Das ist ja die reinste SchafsWolle." Angie lacht und zieht weiter.

Olivia bringt Wolles Kraushaar sofort wieder in Ordnung und vergisst auch nicht ihn zu trösten.

„Mach dir nichts draus. Sie ist eben eine dumme Ziege."

Wolle überlegt kurz und fragt Olivia: „Können Schafe und Ziegen zusammen Kinder bekommen?"

In solchen Momenten kreischt Olivia vor Vergnügen los, nimmt ihren Wolle in den Arm, packt mit Daumen und Zeigefinger seine Nase und lässt sein Köpfchen Twist tanzen. „Oh, mein süßes kleines Dummerchen." So kommt es bei uns immer zu den seltsamsten Paarbildungen. Kevin registriert das alles genau und macht sich sofort Notizen.

Mann-O-Mann

Die modernen Zeiten haben für das männliche Geschlecht ganz neue Anforderungen gebracht. Das geschlechtsspezifische Rollenverständnis hat sich völlig gewandelt. War es früher damit getan, dass man als Herr des Hauses mal ordentlich mit der Faust auf den Tisch gehauen hat, so sind heutzutage endlose Diskussionen gefragt. Schließlich kann man jedes Ding so oder anders, oder völlig neu, oder von oben oder unten betrachten.

Für den (post)modernen Mann war es dabei besonders wichtig Gefühle zu entwickeln und sie sogar artikulieren zu können. Denn Gefühle kann man von noch mehr Seiten betrachten als Dinge. Eine Diskussion über Gefühle ist sozusagen ein Garant für einen prall gefüllten Abend. Doch auf so etwas musste mann erstmal vorbereitet werden – und selbst dann ist es noch hart genug. Kurzum: Früher zogen die Männer in den Krieg, zu meiner (Jugend)Zeit ging's ab in die Männergruppe. Ich möchte dabei dem jeweiligen Leser die Bewertung überlassen, was grausamer ist.

Für mich, der ich über keine eigenen Kriegserlebnisse verfüge, diente die Männergruppe sozusagen als Traumaersatz oder Ersatztrauma. Noch heute fällt es mir schwer darüber zu sprechen, ohne in Schreikrämpfe zu verfallen. Das folgende Gedächtnisprotokoll mag dem in dieser Hinsicht jungfräulichen Leser einen Eindruck vermitteln, wie es seinerzeit in einem solchen Gefühls-Trainings-Lager zugegangen ist. Ich selbst habe mich eher im Hintergrund gehalten, die Namen der darin vorkommenden Personen sind frei erfunden. Jede Ähnlichkeit mit tatsächlich einmal existierenden Männern wäre rein zufällig und liegt in meiner vollen Absicht.

Die exponierten Personen in unserer Männergruppe waren Alfons, Bertram und Charlie. Dazu kam Dieter, unser Therapeut. Dieter studierte Psychologie und betrachtete uns als Versuchskaninchen. Bezeichnend war, dass wir als Männer – auch nach unserer eigenen unmaßgeblichen Meinung – per se einen Therapeuten benötigten. Das Vorhandensein eines männlichen Geschlechtsorgans sowie eine gewisse Menge Testosteron im Blut wurden damals bereits als hinreichend krankheitswertig angesehen. Nur selten griff übrigens Fredy in die Diskussion ein, aber es kam vor.

Unsere therapeutische Aufgabe für die Sitzung, die ich hier wiedergeben möchte, bestand darin, ein besonders eindringliches Erlebnis zu schildern, welches uns gefühlsmäßig richtig aufgewühlt hat.

Dieter: „Wer von euch möchte denn anfangen?" Er schickte ein aufmunterndes Lächeln hinterher, und ließ seinen Blick in die Runde schweifen.

Wir waren schwer damit beschäftigt uns an etwas zu erinnern, das wir gerade vergessen hatten und starrten angestrengt auf den Boden.

„Alfons!" Dieter wusste was zu tun war. „Was war denn dein aufwühlendstes Erlebnis?"

Alfons Körper durchfuhr ein leichter Schauer. Er fühlte sich an die Schule erinnert. Der Lehrer rief ihn auf, und er wusste partout nicht die richtige Antwort. Er räusperte sich.

„Nun, da war mal so ein kleines Mädchen in unserer Nachbarschaft ..."

„Jaaahhh." Dieter nickte ruhig und verständnisvoll. Das machte er eigentlich schon ganz gut.

Alfons schaute unsicher in die Runde.

„Also ich war damals ja auch noch ganz klein. Und die hatte immer Lakritzstangen dabei."

Dieter lächelte und nickte dazu im Takt. Seine Augen leuchteten und sagten: ‚Genau diese Geschichte mit dem kleinen Mädchen und den Lakritzstangen wollte ich hören. Ich hätte nicht gedacht, dass sich jemand traut, sie zu erzählen.'

Alfons wird tatsächlich lockerer und redet begeistert weiter.

„Von den Lakritzstangen hat sie mir immer welche abgegeben. Außerdem hatte die so eine Unterhose mit Mickeymäusen drauf."

„Soso," macht Dieter. Dabei kann er einen leicht tadelnden Unterton nicht ganz unterdrücken. „Aber was ist denn jetzt das Traurige an der Geschichte?"

„Naja, das Mädchen ist weggezogen."

„Und da hast du geweint?"

„Nein, ich hab mich gefreut."

„Warum?", fragt Dieter konsterniert.

„Weil mir das Mädchen seine Unterhose mit den Mickeymäusen drauf geschenkt hat. Dafür sind wir in so ein Gebüsch ...", jetzt leuchten Alfons Augen.

„Gut, gut, Alfons. Aber wir wollten eigentlich Erlebnisse besprechen, die uns so richtig aufgewühlt haben, die uns traurig stimmten, wo wir vielleicht sogar geweint haben."

Erneut schaut Dieter in die Runde, und hatte auch sein aufmunterndes Lächeln wiedergefunden.

Bertram grinst.

„Ich hatte auch mal ein Mädchen in der Nachbarschaft wohnen. Aber da waren wir schon etwas älter. Mann, war das ein Feger. Da war der ganze Block traurig als die weggezogen ist."

Charlie wendet sich direkt an Bertram, der sich gar nicht wieder einkriegen kann.

„Ich war damals ganz traurig als meine Oma gestorben ist."

Dieter schöpft Hoffnung.

„Erzähl doch mal."

Charlie: „Wollte ich eigentlich gerade."

Dieter: „Du, entschuldige."

Charlie: „Plötzlich war meine Oma weg."

Bertram: „Weg? Ich denk, die ist gestorben?"

Alfons: „Wenn sie nur weg ist, kann sie doch wiederkommen."

Charlie (genervt): „Ich erzähle es doch aus der Sicht eins achtjährigen Jungen."

Alfons und Bertram: „Ach so."

Alfons: „Und wer war dieser Junge?"

Dieter: „Bei wem ist denn sonst noch die Oma gestorben, und er war darüber ganz traurig und hat vielleicht sogar geweint."

Fredy: „Ich habe immer geweint, weil mein Vater meinen kleinen Bruder total bevorzugt hat."

Alfons: „Warum hast du ihm denn keine reingehauen."

Fredy: „Meinem Vater?"

Alfons: „Nein, deinem kleinen Bruder. Meiner hat immer Dresche gekriegt, egal ob er was angestellt hat."

Dieter: „Leute, bitte! Es geht in unserer heutigen Sitzung um gefühlsmäßig besonders bewegende Momente in unserem Leben."

Alfons: „Wenn ich meinem Bruder eine gescheuert habe, hat der sich auch besonders bewegt, und zwar schnell."

Dieter: „Bitte, wir wollen doch eine Reise in das innere unseres Gefühlslebens machen. Wir wollen einen unbekannten Kontinent erforschen."

Bertram: „Das hat er jetzt aber schön gesagt. Also, wenn ich ganz tief in mich hineinschaue …"

Dieter: „Jaaahhh."

Bertram: „Dann erblicke ich eine erschreckende Leere."

„Woran, glaubst du, liegt das?" fragte Dieter interessiert nach.

Bertram dachte nach. „Vielleicht bin ich als Kind misshandelt worden?", schlägt er schließlich vor.

„Womit bist du denn misshandelt worden?" Auch Charlie klinkt sich wieder in die Diskussion ein.

„Ooohhh, ich musste immer so Besinnungsaufsätze schreiben. Mein schönstes Erlebnis, mein schlimmstes … Naja, ist vielleicht jetzt ein blödes Beispiel. Aber immer musste ich Sachen machen, die ich eigentlich nicht wollte. Stricken lernen, Mädchenkleider tragen, im Chor singen."

Alfons prustet los: „Du musstest Mädchenkleider tragen?"

Bertram (betrübt): „Meine Mutter hat sich immer ein Mädchen gewünscht. Dann hat sich mir so hübsche Kleider angezogen. Und wenn sie traurig war, hat sie geweint, und ich musste dann immer mitweinen, dann hat es ihr erst so richtig Spaß gemacht. Aber ich wollte eigentlich gar nicht weinen."

Alfons: „Naja, hättest eben einfach nicht geflennt."

Bertram: „Aber dann hat sie mir eine gescheuert."

Charlie: „Und dann hast du geweint?"

Bertram: „Sie schlägt eine ziemlich harte Rechte."

Fredy: „Und was hat dein Vater dazu gesagt?"

Bertram: „Der war meistens nicht zu Hause. Aber wenn er mich im Kleidchen erwischt hat, hat er mir auch eine gescheuert. Der hatte eine unwiderstehliche Linke. Auf gewisse Weise haben sich meine Eltern gut ergänzt."

Dieter: „Du kannst jetzt ruhig weinen, wenn dir danach ist."

Bertram (schreit): „Ich will aber nicht weinen."

Dieter: „Aber irgendwann musst doch mal jemand geweint haben."

Alfons grübelt. „Doch als Kind, damals als mein Hamster gestorben ist."

Dieter: „Und da hast du hemmungslos geweint."

Alfons: „Rotz und Wasser."

Dieter beugt sich sehr interessiert nach vorne. „Aber was hat das damals für dich bedeutet."

Alfons runzelte die Stirn. „Na, dass mein Hamster tot war."

Dieter: „Ja, aber ich meine in deinem Inneren, was hat es da für dich bedeutet?"

Alfons: „In meinem Inneren?"

Dieter nickt.

Alfons: „Also in meinem tiefsten Inneren, meinst du?"

Dieter nickt und lächelt aufmunternd.

Alfons: „Naja, da war mein Hamster auch tot, gestorben, verstehst du?"

Dieter: „Ja, ich glaube schon."

Ein tiefer Schniefer durchbrach die darauf folgende betroffene Stille unserer Männerrunde.

Bertram: „Ach nee, nicht schon wieder."

Fredy: „Aber es macht mich so traurig. Ich denke hier darf man traurig sein."

Dieter (genervt): „Jaaahhh schon, aber …"

Fredy: „Ich habe wieder mit ihr gesprochen. Sie kommt nicht mehr zurück."

Alfons: „Fredy, das hat nun mittlerweile jeder kapiert, nur du nicht."

Fredy: „Aber ich kann ohne sie nicht leben."

Charlie: „Dann such dir doch eine neue Freundin, mein Gott."

Fredy: „Aber ich will nur Ulrike, sonst keine."

Fredys Gesicht ist nun tränenüberströmt. Seine Worte verlassen abgehackt seinen Mund. Er sitzt völlig zusammengesunken in der Ecke, ein Häufchen Elend, dass niemand mehr trösten kann.

Bertram: „Aber auch immer an der gleichen Stelle. Immer wenn wir gerade zum Bier wollen."

Alfons (im verständnisvollen Ton): „Fredy, du bist einfach zu weich, bei jedem bisschen fängst du an zu heulen. Sowas mögen die Frauen nicht. Guck mal, wärst du als Frau gerne mit so einer Heulsuse zusammen."

„Neiheihein", bricht es aus Fredy heraus.

„Siehst du", nickt Alfons die Angelegenheit ab.

Fredy: „Aber ich will nur mit meiner Ulrike zusammensein."

Dieter (verständnisinnig): „Oh Fredy, jetzt halt die Klappe."

Aufgeräumt schaut Dieter in die Runde: „Also gut Leute, bis zum nächsten Mal. Vielleicht überlegt ihr euch zum nächsten Mal ein Erlebnis, wo ihr euch ganz besonders geschämt habt. So sehr geschämt, dass ihr vor lauter Scham vielleicht sogar ... Naja gut, egal."

Okay, okay. Das war sicherlich nicht Emotionalität auf höchsten Niveau. Aber es waren ja auch erst die Anfänge der Männerbewegung. Also das, was den Mann wirklich bewegt, also emotional so wirklich tief bewegt, meine ich. Naja, ihr wisst schon ...

9. Drehtag

INT, Büro Dr. Malle – vormittags

Angie sitzt am ihrem Vorzimmer-Schreibtisch und ordnet Vorgänge. Dr. Malle (Ralf) betritt das Vorzimmer, geht durch zu seinem Büro und nuschelt Angie dabei kurz etwas zu.

Dr. Malle
Angie, wir müssen mal miteinander reden. Komm bitte in mein Büro.

Angie folgt Dr. Malle in sein Büro. Dieser zieht gerade seinen Sandmantel aus und hängt ihn an den Haken.

Dr. Malle
Angie, ich muss dir doch nicht sagen, dass du Firmeninterna nicht ausplaudern darfst, nicht wahr?

Angie
Nein, das musst du nicht.

Dr. Malle sieht sie skeptisch prüfend an.

Dr. Malle
Direkt gefragt: Hälst du dich denn auch daran?

Sein Blick hat nun die Durchschlagskraft eines mittelprächtigen Damenrevolvers. Angies Blick wird zu dem eines äußerst erfolgreichen Profikillers kurz vor der Pensionierung.

Angie
Natürlich halte ich mich daran.

Kurze abschätzende Pause.

Angie
Solange ihr euch an die Gesetze haltet. Bei einem florierenden Mädchenhandel in die Golfregion allerdings, sehe ich mich nicht mehr an die Schweigepflicht gebunden.

Dr. Malle
Mädchenhandel? Golfregion? Haben wir doch längst eingestellt. (zu sich selbst) Die Tussies wollt doch eh keiner haben. (lauter) Du weißt,

wovon ich spreche. Von diesen Firmeninterna darf nichts, aber auch gar nichts nach außen dringen. (lauter) Legal, illegal, scheißegal, einfach nichts. Hast du mich verstanden.

Er steht jetzt dicht vor Angie und hat den Zeigefinger drohend in die Höhe gehoben. Angie öffnet langsam den Mund. Dr. Malle zieht seinen Zeigefinger zurück und bringt ihn in der Hosentasche in Sicherheit.

Angie
Damit kannst du vielleicht deinem Hamster drohen, aber mir nicht.

Dr. Malle versteht diese Bemerkung nicht, und muss sie in seiner Position auch gar nicht verstehen. Er sinniert vor sich hin.

Dr. Malle
Angie, Angie, ist es denn nicht schön, am Leben zu sein?

Dr. Malle schiebt seine wülstigen Lippen nach vorne und wackelt bedauernd mit dem Kopf.

Angie
So nicht, Herr Dr. Malle!

Angie verlässt erbost das Büro und die ganze Kanzlei. Dr. Malle führt nachdenklich den geretteten Zeigefinger an seine wülstigen Lippen.

INT, Jennys Bistro – tags

Jenny steht vor dem Central Sofa und schiebt die Mundwinkel soweit zur Mitte zusammen, dass sie sich fast überlappen. Dies ist ein sicheres Indiz für einen unmittelbar bevorstehenden Vulkanausbruch. Vor lauter Nervosität hat sie nicht einmal mehr einen Kaffeebecher in der Hand. Hinter ihr, auf dem Sofa, sitzen Jennifer und Olivia, Olivers Mutter, und führen einen angeregten Disput.

Jennifer
Kleine Tischdeckchen drücken Lebenskultur und eine gewisse Verspieltheit aus.

Olivia
Sie sind ein Ausdruck von Kleinbürgertum. Ich kriege Depressionen, wenn ich sowas sehe.

Jennifer
Depressionen, weißt du überhaupt, was richtige Depressionen sind?

Olivia stößt einen spitzen Schrei aus.

Olivia
Also wenn ich mich mit irgendwas auskenne, dann sind das Depressionen.

Jennifer
Gut! Ich lass dir deine Depressionen. Und du lässt mir meine Spitzendeckchen. Jenny!

Jenny dreht sich um, ganz langsam, und ganz ruhig.

Jenny
Was ist, Mutter?

Jennifer (fröhlich)
Wir nehmen die Spitzendeckchen.

Jenny (langsam)
Nehmen wir nicht.

Jennifer ist so überrascht, dass sie aufsteht, sich wieder hinsetzt – und nichts sagt. Jenny stemmt die Arme in die Hüften.

Jenny
Mutter, hör auf mich zu behandeln wie ein kleines Mädchen. Ich bin kein kleines Mädchen mehr.

Ihrer Mutter kommen ganz langsam die Tränen.

Jenny
Gut, vielleicht bin ich noch dein kleines Mädchen, aber ich bin eben kein kleines Mädchen mehr.

Nun kommen auch Jenny die Tränen, was Jennifer dazu bewegt den Tränenhahn noch mehr aufzudrehen.

Jenny
Verstehst du denn nicht, ich bin jetzt erwachsen und muss meine Entscheidungen selber treffen.

Jennifer fließen nun in kleinen Sturzbächen die Tränen die Wange hinab, nehmen am Unterkiefer Abschied vom Gesicht und tropfen in den Kaffee. Olivia weint einfach mal mit. Sie ist schließlich auch Mutter und versteht das alles sehr gut. Egal, was es auch sein mag.

Jenny
Natürlich frage ich dich immer, was du davon hältst. Aber zuletzt, ganz zuletzt, nachdem wir lange, sehr lange darüber gesprochen haben, fälle ich eine Entscheidung.

Jenny und Jennifer fallen sich weinend um den Hals. Olivia versucht irgendwie in diesen Schluchzblock hineinzudrängen, prallt jedoch am monolithischen Mutter-Tochter-Felsen ab.

Nach einer geraumen Zeit, ungefähr 3,5 Sekunden, lassen beide voneinander ab. Sie wischen die Tränen weg und lächeln sich wieder an.

Jenny (lächelt)
Die Spitzendeckchen fallen weg, basta!

Kathy schleicht schuldbewusst in das Bistro rein, nimmt sich heimlich einen Kaffee und druckst in der Nähe von Jenny rum. Diese bemerkt sie und geht direkt auf sie zu.

Jenny
Da bist du ja wieder.

Kathy
Ja, hallo

Jenny
Sag mal, hast du eine sachte Ahnung, wo Markus steckt. Wir suchen ihn nämlich ganz dringend. Es ist sehr wichtig.

Kathy überlegt ganz kurz.

Kathy
Ich wunderte mich auch schon. Er war nämlich letzte Nacht nicht Zuhause.

Jenny wirft Kathy einen Blick zu, der direkt durch die Augen ins Großhirn vordringt und dort emsig nach weiteren Informationen sucht.

INT, Olivers Wohnung – tags

Oliver sitzt am Tisch zwischen einem Wust von Entwürfen für seine neue Kollektion. Die Wohnungstür öffnet sich, weil Angie mit eigenem Schlüssel aufschließt. Sie kommt herein. Oliver blickt mit strahlendem Gesicht auf.

Oliver
Sieh es dir an. Das Ergebnis einer durchwachten Nacht. Es hat mich regelrecht gepackt. Wie ist's bei dir?

Angie geht zu ihm hin und drückt ihm einen Kuss auf die Wange. Oliver nimmt dies abwesend zur Kenntnis.

Angie
Biffchen Streff mit Chef.

Oliver
Was hat denn der Stinkstiefel schon wieder.

Angie
Angst, dass ich ihm seine Drecksgeschäfte versaue. Habt ihr Markus gefunden?

Oliver
Nein, der ist wie vom Erdboden verschluckt.
Er breitet die Entwürfe vor Angie aus.

Oliver
Schau es dir an. (kichert) Lagerfeld, Versace und Gucchi waren gestern. Jetzt komme ich.

Angie (abwesend)
Sehr schön, wirklich. Wo steckt Olivia?

Oliver
Die habe ich bei Jenny in der Troubletruppe abgegeben.

Angie gibt Oliver ein Abschiedsküsschen.

Angie
Wir sehen uns. Ich muss noch ein paar Besorgungen machen.

INT, Dr. Malles Büro – nachmittags

Dr. Malle telefoniert. Er hat dabei sein übliches maliziöses Grinsen aufgesetzt.

Dr. Malle
Mein Lieber, die Umstände erfordern es, dass wir schnell handeln. Kurzum, die Aktion ‚Blase platzt' startet … Am besten ziehen wir noch heute Nachmittag den Stöpsel … Geht das? … Schau mal, was du machen kannst.

Es klingelt.

Dr. Malle
Es kommt gerade jemand. Bis dann.

Dr. Malle erhebt sich und geht durch das Vorzimmer zur Büro-Eingangstür. Er kommt mit einem zwei Meter großen Mann (Detlef) zurück, der ein vierschrötiges Gesicht hat. Will sagen: Der größte Teil seines Gesichts wird von einem beißwütigen Unterkiefer eingenommen, der Rest ist zerbeulte Nase und darüber kommt nichts Nennenswertes mehr. Beide setzen sich an den Schreibtisch einander gegenüber hin.

Dr. Malle
Ich habe ein kleines Problem, und habe gehört, dass Sie bestimmte Arten von Problemen lösen können.

Detlef
Ahhhwas.

Dr. Malle kramt ein Bild aus der Schublade und reicht es Detlef über den Schreibtisch. Der Zuschauer sieht nicht, dass Angie auf dem Bild ist.

Dr. Malle
Mein Problem sieht im Moment so aus.

Detlef grunzt.

Dr. Malle
Ja, sie ist sehr hübsch. Das spielt jetzt aber keine Rolle. Ich habe von Ihrer Spezialbehandlung gehört. Auch schon Ergebnisse gesehen. Gefiel mir. Sehr professionell.

Detlef grunzt zweimal und steckt sich eine Zigarette an.

Dr. Malle
Mach die Zigarette aus, du Idiot. Willst du hier alles abfackeln.

Detlef zerdrückt die Glut mit den Fingerspitzen und pfeift durch die Zähne. Dr. Malle dreht sich um.

Ralf (Regisseur, als Dr. Malle im on, brüllt)
Wer hat den Idioten denn eingestellt. Okay, er sieht richtig furchtbar aus. Aber gibt's den auch in einer Version mit Spatzenhirn?

Detlef ist blitzschnell aufgesprungen und um den Schreibtisch herumgehechtet. Er braucht nur eine Hand, um Dr. Malle, also Ralfs, Gesicht zu fassen und nach oben zu ziehen. Der Körper folgt nur widerwillig nach und wird in Hinsicht auf seine Dehnbarkeit getestet. Ralfs Gesicht sieht mittlerweile aus, wie bei einer rasanten Achterbahnfahrt – nach den zwölften Doppel-Looping. Jetzt betritt Paula die Bühne und zupft Detlef am Rockschoß.

Paula
Detlef.

Detlef wendet Paula das Gesicht fragend zu, lässt sich aber nur widerwillig bei seinen Dehnübungen stören.

Detlef
Was!

Paula legt ihre Hand in Detlefs freie Hand, die er im Moment ja nicht benötigt. Eine Kinderhand in Frankensteins Pranke.

Paula
Detlef, lass ihn doch mal los.

Detlef überlegt in aller Ruhe. Und tatsächlich, plötzlich lässt er los. Ralf plumpst nach unten. Im Stuhl liegt eine Plastikpuppe ohne Luft. Hier macht sich Ralfs Teilnahme an dem Kurs ‚Progressive Muskelentspannung' voll bezahlt.

Paula
Weißt du Detlef, du darfst Ralf nicht so ernst nehmen. Keiner hier tut das. Er ist einfach der Oberidiot.

Detlef
Ach so, warum sagt mir das denn keiner.

Paula reckt sich zu Detlefs Ohr, so gut es geht, empor und flüstert.

Paula
Wir müssen das vor ihm geheimhalten. Der wird verrückt, wenn er das erfährt.

Detlef (lächelt)
Ach so.

Detlef streichelt Ralf zärtlich zweimal durchs Gesicht, was die gleiche Wirkung wie zwei Wiederbelebungs-Ohrfeigen hat. Ralf kommt wieder zu sich und schüttelt kräftig den Kopf.

Ralf (Regisseur und Dr. Malle, im on, brüllt)
Weiter!

Dr. Malle setzt sein bösestes Lächeln auf.

Dr. Malle
Dann sind wir uns also einig. Wann darf ich mit der Lieferung rechnen?

Detlef wackelt mit dem Kopf zweimal hin und her und hebt den Daumen

Dr. Malle
Das nenne ich prompt.

INT, Jennys Lokal – Abends

Die Renovierungsarbeiten sind fast abgeschlossen.

Olivia (mit Kaffeebecher in der Hand)
So ein bisschen handwerkliche Arbeit tut doch gut.

Jennifer
Was hattest du noch mal gemacht?

Olivia
Ich hab dem Joe die Schrauben gereicht und ihm etwas aus meinem Leben erzählt.

Jennifer
Stimmt, der war völlig fertig als er gegangen ist. Sind Depressionen ansteckend?

Olivia
Keine Ahnung. Mir geht's jedenfalls gut.

Jenny kommt hinzu und nimmt einen kleinen Schluck aus ihrem Kaffeebecher.

Jennifer
Ich glaube zur Eröffnung morgen abend, trage ich das kleine Schwarze mit einem weißen Spitzenschürzchen.

Jenny
Das ist genehmigt. Dann siehst du wenigstens sehr Jennifer-mäßig aus.

Kathy tritt hinzu, nimmt, immer noch verlegen, einen kleinen Schluck aus ihrem Kaffeebecher.

Kathy
Ob sie Markus finden werden? Und ob es rechtzeitig sein wird, um das Börsenunglück zu verhindern?

Jenny guckt Kathy genervt an.

Jenny
Und wird Markus zu seiner geliebten Jenny zurückkehren? Werden sie heiraten? Werden sie Kinder haben und glücklich sein bis ans Ende ihrer Tage?

Kathy kneift verlegen ihre Mundwinkel zusammen.

Kathy
Hoffentlich schaffen Spongo und Thorsten die Suchexpedition durch die Kneipen, ohne selbst hoffnungslos zu versumpfen.

Jenny schaut direkt in die Kamera und benutzt ihren Kaffeebecher als Mikrofon.

Jenny
Und das, liebe Zuschauer, war's aus dem Studio. Wir schalten jetzt direkt um in die Kneipenszene, aus der Spongo und Thorsten einen überaus feuchten Bericht ...

Ralf (Regisseur, im off, brüllt (louder than ever))
Halt! Was redest du da für eine ...

Jenny (brüllt nach oben)
Schnauze!

INT, Spelunken-Kneipe – abends

Die Kneipe ist verhangen von dichtem Rauch. Im Vordergrund sitzen Markus und Rüdiger an einem Tisch und prüfen die Belastbarkeit der Bier-Vorräte. Hinten durch den Nebel tauchen Spongo und Thorsten auf, gezeichnet durch Alibi-Bestellungen in zahlreichen Szene-Kneipen zuvor. Spongo knallt sich auf einen freien Stuhl, Thorsten sinkt einfach nieder.

Spongo
Da seid ihr ja endlich.

Markus
Was soll das heißen. Wir sind schon den ganzen Abend hier, oder?

Er schaut Rüdiger fragend aus glasigen Augen an.

Rüdiger
Mindestens.

Spongo
Wie läufst's denn so?

Rüdiger
Wir diskutieren gerade die alle bewegende Frage: Was finden Frauen eigentlich an Männern interessant.

Thorsten
Auch eine interessante Sichtweise.

Markus
Männer sind eigentlich nur dumm, außerdem wehleidig und jammern rum. Mal abgesehen davon, dass sie ansonsten nur aus Fehlern bestehen. Sagen die Frauen.

Thorsten
Wirklich, so schlimm?

Rüdiger
Ich weiß die Antwort.

Rüdiger meldet sich, kommt jedoch nicht dran.

Spongo
Ich auch. Ohne uns kämen sie einfach nicht zurecht.

Markus
Aber wenn wir doch nur eine Last sind?

Rüdiger
Frauen lieben uns, wegen unserer Fehler. Wenn sie uns die nicht immer vorwerfen könnten, hätten wir in der Tat keinerlei Wert mehr für sie.

Auf diese glorreiche Erkenntnis bestellt die Runde noch eine Runde.

Spongo
Übrigens Markus.

Markus wackelt sein Gesicht zu Spongo rüber.

Markus
Jooohhh.

Spongo (denkt nach)
Da war noch was.

Markus
Jooohhh?

Spongo (denkt weiter nach)
Deine Blase platzt.

Markus (schaut an sich runter)
Sieht man's schon?

Spongo
Neeehhh! Deine Börsenspekulation ist eine ... Brandblase.

Markus
Hähhh?

Spongo
Sie platzt bald.

Markus
Hähhh?

Spongo
Dann bist du pleite.

Markus schaut Rüdiger entsetzt an, der schaut ebenso zurück.

Markus
Mein Gott, wirklich?

EXT, Straße vor Angies Wohnung – spätabends

Angies Wohnung im Hochparterre ist durch drei erleuchtete Fenster/Türen einsehbar. Vor den Türen ganz links liegt ein Balkon. Die Kamera folgt Angies Bewegungen, die zwischen den Zimmern, offenbar Wohn- und Schlafzimmer, hin und herläuft und sich dabei langsam auszieht.

Durch ein Zoom-out wird der breite Rücken und Hinterkopf eines Mannes – Detlev – im dunkelschmutzbraunen Anzug sichtbar, der auf der gegenüberliegenden Straßenseite die Szene interessiert verfolgt.

Sein Gesicht, in Großaufnahme, zeugt von gespannter Aufmerksamkeit. Dabei wischt er sich mit einem Taschentuch immer wieder die Mundwinkel trocken.
Angie ist mittlerweile nur noch mit BH und Slip bekleidet. Sie beugt sich im linken Zimmer nach unten und hebt schmusend ihren Hamster hoch. Mit ihm in der Hand geht sie zur Balkontür, öffnet sie und atmet tief ein. Dann bringt sie den Hamster wieder in seinen Käfig zurück.

Detlevs Gesicht in Großaufnahme. Er grunzt und wischt sich mit dem Taschentuch den Speichel aus den Mundwinkeln.

Als die Kamera wieder Angie hinter einem Fenster zeigt, ist sie mit einem weitem Nachthemd bekleidet, reckt sich noch einmal ausgiebig vor dem jetzt nur noch erleuchteten rechten Fenster und verschwindet dann im Hintergrund. Kurze Zeit später erlischt auch dieses Licht.

Detlevs Gesicht in Großaufnahme. Zum letzten Mal wischt er sich mit dem Taschentuch die Mundwinkel ab. Dann wirft er es zur Seite, wo es mit einem lautem Klatschen auf dem Gehweg landet.

Nach einem letzten zufriedenen Grunzen setzt er sich Richtung gegenüberliegende Straßenseite in Bewegung.

Abspann

Was hat Detlef vor? Wird er Angie etwas antun? Und was wird nun aus Markus und Rüdiger? Hat Markus bei Jenny noch eine Chance, wenn der Pleitegeier über ihm schwebt?

Après-Dreh

Jennifer mault mal wieder mit ihrer Rolle rum. „Wenn ich das gewusst hätte, dass ich hier so ein 70er-Jahre-Dummchen spielen muss. Dabei bin ich erst 36 und kenne diese Zeit gar nicht aus eigener Erfahrung."

„Du machst das sehr gut", wirft Ralf ein. "Durch euch weht ein bisschen von dem erfrischenden Wind dieser Zeit in unsere Soap."

„Das magst du vielleicht so empfinden", wirft Jennifer ein. Und nach einer kleinen wirkungsvollen Pause: „Weil du schon etwas älter bist. Aber mir kommt das alles sehr gruftig vor."

Auf das ‚älter' und ‚gruftig' muss Ralf erstmal einen ordentlichen Bissen von seinem Hamburger nehmen und einen kräftigen Schluck Bier hinterherschütten. Niemand weiß wie alt Ralf wirklich ist. Ich habe ihn einmal gefragt. Aber er hat nur geantwortet: „Ich bin eine Herbstzeitlose". Sicherlich eine sehr vage Altersangabe. Wir schätzen, dass er – rein rechnerisch – seinem fünfzigsten Geburtstag näher ist, als dem vierzigsten. Prinzipiell gilt bei uns: Gefühlt ist jeder über dreißig ohnehin zehn Jahre jünger. Das bringt die Berufsauffassung des Schauspielers so mit sich.

Nur Angie macht sich scheinbar gerne etwas älter als sie ist. Neulich kam sie morgens an und sagte: „Mein Gott, habe ich schlecht geschlafen." Und tatsächlich lagen ihre Augen in dunklen Höhlen. Judith sah sie nur kurz abschätzig an und meinte: „Wieviele Opfer hast du letzte Nacht denn ausgesaugt?" Marnie, unsere Maske, erzählte mir später aber, dass es sich dabei lediglich um Schminke gehandelt hätte.

Olivia genießt wohl ihr Rollen-Ältersein. Denn dadurch werden die jüngeren Männer, mit denen sie anbändelt, noch jünger. Ihre ganze Gestik, Mimik und der Poschwung drücken aus: ‚So alt und noch so attraktiv'. Als Thorsten sie darauf aufmerksam machte, dass sie ja kaum älter als er ist, war sie richtig beleidigt. Dabei manövriert sie Thorsten langsam in die Rolle des Ersatzmanns rein. Bei Wolle ist sie sich wohl zunehmend unsicher, ob er das mit den Schafen und Ziegen auch wirklich begriffen hat. Und so setzt sie wohl darauf, dass Thorsten als ‚Mediziner' doch zumindest irgendwelche

Basiskenntnisse aufweist.

Jenny ist im Moment fast reizend zu ihrem Markus. Gestern hatte er Geburtstag und neben einem dicken Küsschen gab's von ihr noch ein Paar Socken, „ganz neu und frisch gewaschen". Vielleicht macht sich die Arme Illusionen darüber, dass das länger hält. Judith sagte dazu nur: „Socken. Wie aufregend. Zwei heiße Überzieher für Markus Füße. Bei euch muss es aber abgehen."

Jenny zog dann wieder eine Schnute. So als wenn jemand die Kerzen ihrer Geburtstagstorte ausgeblasen hätte, obwohl das doch ihre Geburtstagstorte war.

New York, New York

Beim Anflug auf New York kann der unbedarfte Tourist gewisse Anflüge von qualmenden Assoziationen nur schwer unterdrücken. Quälende Fragen machen sich breit: Landen wir wirklich ordnungsgemäß auf dem JFK oder werden wir direkt in Manhatten abgesetzt? Nur langsam entspannt sich der Tourist wieder, wenn er an die moderne Röntgentechnik auf den einheimischen Flughäfen denkt.

„Sie haben aber einen alten Rasierapparat, noch viel Metall drin", grinst der Kontrollbeamte auf dem Frankfurter Airport. Ich lächelte zurück. Was die alles erkennen können. Wie in der englischen Kapitale die London Bridge, winkt einem beim Landeanflug auf New York immer die Freiheitsstatue zu. Die Bemerkung „Guck mal da, die Freiheitsstatue", konnte ich mir so gerade noch verkneifen.

Aber das Problem beim Einzug in das Tor zur Neuen Welt sind gar nicht muslimbebärtete Freiheitskämpfer, sondern die US-amerikanische Zollbehörde. Bereits im Flugzeug musste man mehrmals eidesstattliche Versicherungen ausfüllen, dass man keinerlei Fleischwaren außerhalb von Dosen mit sich führt. Das sei streng verboten, und verstößt gegen rund 50 Einreise- und Einfuhrgesetze der USA. Zuwiderhandlungen werden streng bestraft.

„Wieviele Salamiwürste haben wir dabei?", frage ich Caroline.

„Fünf."

Unsere Freunde, bei denen wir übernachten wollten, lieben Salami über alles. So etwas ist im Land der unbegrenzten Möglichkeiten nur schwer zu bekommen und stellt praktisch unsere Mietzahlung dar für die Zeit unseres Aufenthaltes.

„Pass auf, davon weiß ich nicht das geringste und du sprichst kein einziges Wort Englisch."

Auf dem Flughafen wurden die Einreisewilligen in zwei Gruppen unterteilt. Diejenigen, die in den letzten vier Wochen kein Kontakt zu Nutzvieh hatten, und die andere Gruppe, die erst eine Entseuchungsschleuße passieren musste. Überall vor der Zollkontrolle hingen nochmals Schilder, die vor der Einfuhr von außerdosigem Fleisch dringlichst warnten.

Das machte mich etwas nervös. Eine ebensolche Wirkung hatte die Zollbeamtin mit dem Stempel ‚Verbrecher' im Blick, die treffsicher auf uns zeigte.

„You." Mit professionell winkenden Händen bedeutete sie uns, die Koffer auf ein Band zu legen. Dieses Band zog unser salamiverseuchtes Gepäck in eine Dunkelkammer, in welcher ich wieder so ein ultramodernes Röntgengerät vermutete. Die gleiche Technik, aber ein anderes Ziel: Die Europäer wollen keine Terroristen raus-, und die Amis keine Salamis reinlassen.

Und so kam es wie es kommen musste. Am Durchleuchtungsgerät stand ein sehr dunkelhäutiger Afroamerikaner, 1,90 groß, mit einem sehr leuchtenden Weiß in den Augen (eigentlich hätte er kein Röntgengerät gebraucht) sowie einer präzis gebügelten Uniform. Er winkte mich und Caroline herbei. Mich Abschaum fragte er, warum ich mich dieses Verbrechens schuldig gemacht hätte. Ich fing an zu stammeln: von den Salamiwürsten hätte ich ganz bestimmt nichts gewusst, meine Frau würde mir ja nie was erzählen.

Die Glut in seinem Blick wurde um 500 Grad heißer – Celsius nicht Fahrenheit. Seine Worte kamen ruhig und wirkten wie ein Kurzschwert direkt unter meinem Unterkiefer: Wenn ich nur noch ein einziges Mal versuchen sollte auch nur eine hauchdünne Scheibe Salami in die Vereinigten Staaten von Amerika einzuschmuggeln … Er machte eine kurze Pause, wobei er die Luft scharf in seine aufgeblähten Nasenflügel einsog. Wortlos standen wir uns gegenüber, aber es war ein ungleicher Kampf: er war die Vereinigten Staaten von Amerika, ich war die hauchdünne Salamischeibe. Dann, fuhr er fort, würde ich …

In diesem Moment drang ein Zischen an mein linkes Ohr, welches mir verriet, dass auch hinter mir eine Person stand, die vor Wut kochte. Caroline hatte eine ganze Stange Geld für die original ungarische Salami bezahlt.

„Sag ihm, dass er die Salami ja nur selber fressen will."

Der böse Zollbeamte richtete nun einen Zeigefinger auf meinen Brustkorb, während er weiter sprach.

„Los, sag's ihm schon."

Aus der Mimik meines hünenhaften Gegenübers schloss ich messerscharf, dass ich nun etwas sagen musste, etwas dass tiefe Reue und Zerknirschheit ausdrückt – mindestens.

„Sag ihm, er soll an den Dingern ersticken."

Doch irgendwann war auch dieser Spießrutenlauf überstanden. Obwohl wir unseren Mietzins also nicht entrichten konnten, wurden wir trotzdem gnädig in der Wohngemeinschaft in Queens aufgenommen. Dieser Stadtteil liegt auf Long Island und somit nicht auf Manhatten, wohin es jeden Touri unweigerlich zieht. Daher haben wir am gleichen Abend noch mal schnell rübergemacht – nach Manhatten. Es war bereits stockduster, weil wir uns als Reisezeit den Februar ausgesucht hatten.

Weit verbreitet ist sicherlich der Irrtum, Manhatten sei bei Nacht praktisch taghell erleuchtet. Vielmehr ist der Helligkeitspegel ungefähr mit dem eines niedersächsischen Ackers an einem frühverdunkelten kalten Dezemberabend zu vergleichen. Das mag daran liegen, dass die New Yorker Stadtväter sich gesagt haben: Bei so vielen Leuchttürmen können wir uns die Straßenbeleuchtung praktisch sparen.

Nicht bedacht hatten sie allerdings, dass das Putzen von furchtbar vielen Scheiben von sehr hohen Wolkenkratzern einen erheblichen Unkostenfaktor darstellt. Natürlich stimmt es: „The City that never sleeps." Aber man könnte – sogar auf offener Straße.

Am nächsten Morgen, einem Sonntag, stand der Central Park auf dem Programm. Kommt man vom Times Square und geht die Seventh Avenue nach Norden, kündigt sich der Zentralpark – auf deutsch klingt's gleich nach Planwirtschaft – durch rhythmisches Hufgetrappel an.

Direkt hinter der Carnegie Hall öffnet sich die Straßenschlucht. Aus einem strahlendblauem Himmel bescheint ein mattes Gestirn die sanftgewellten, schneebedeckten Hügel des rechteckigen New Yorker Grüns. Schlendert man durch die Parkwege, kann man den zahllosen Hundebesitzern zusehen, wie sie von ihren vierbeinigen Freunden Gassi geführt werden. Hier kennt jeder jeden beim Hundenamen. Dringt man weiter ins Innere vor, wird die Stille nur noch vom Geschrei und Gequietsche rodelnder Kinder durchbrochen. Hufgetrappel, rodelnde Kinder: eine friedliche Dorfidylle gemalt von Breughel, könnte man denken.

Nur im Hintergrund luken zwischen froststarrenden, vereisten Zweigen die unvermeidlichen Türme hervor. Da die meisten aber schon recht betagt sind, passen sie irgendwie in die Dorfidylle hinein, unterstreichen sie sogar.

Dies bedarf eines Kontrapunktes. Das Metropolitan Museum of Art hat sich immer weiter in den Central Park hinein gefressen. Der Raumbedarf verwundert nicht, ist es doch der Universalist unter den Museen. Kann man hier ebenso das Aroma ägyptischer Sarkophage schnuppern, wie eine Geruchsprobe aus mittelalterlichen Rüstungen nehmen. Die endlose Verspieltheit jugendstilisierter Lampen und Schmuck von Louis Comfort Tiffany kontrastieren die kubistische Aufgeräumtheit eines Picassos.

Und dann landet man plötzlich direkt in einem Zimmer nach dem Geschmack des Sonnenkönigs. Wessen Geschichtskompass dann noch nicht hemmungslos um die eigene Achse rotiert, der bekommt beim Tempel von Dandur den Rest. Der steht sogar in einem kleinen See. Vielleicht eine Konzession an die umgebende Parklandschaft, vielleicht eine plumpe Anspielung darauf, dass die Amerikaner ihn seinerzeit vor den aufsteigenden Fluten des Assuan-Stausees gerettet haben.

Ein touristisches Muss im Winter ist natürlich die Schlittschuh-Bahn im Rockefeller Center. In dem riesigen Gebäudekomplex, der ja praktisch eine eigene Stadt bildet, ist sie das I-Tüpfelchen, mehr aber auch nicht. Die kleine Eisfläche wirkt umso winziger, da sie im Zentrum von insgesamt 14 Wolkenkratzern liegt. Im Sommer nutzen die umgebenden Cafes den Platz als Innenhof für Stelltische. Aber das ist typisch für diese Stadt der krassen und seltsam harmonischen Gegensätze: ringsumzu Metropolis und mittendrin eine Modell-Schlittschuhbahn.

Die Winterlandschaft ist auch außerhalb New Yorks sehenswert. Deshalb mache ich mich im Mietauto auf nach Maine, dem nordöstlichsten Staat der USA. Caroline ging mit Freundinnen lieber shoppen, eine Tätigkeit, der man in Manhatten bis zum Jüngsten Gericht nachgehen kann – und dann ist frau immer noch nicht fertig.

Meinen Mietwagen hatte ich in Europa (mein Gott, wo liegt das doch noch?) schon auf einer Station in Manhatten bestellt. Sich auf die Fahrweise der Yellow Cabs, der hiesigen Taxis einzustellen ist nach ein paar hundert Metern geschafft. Den nördlichen Ausgang von Manhatten zu finden erweist sich als schwieriger. Nach einigen unfreiwilligen Kreisfahrten finde ich endlich den Hinweis auf die Interstate 95, jener Autobahn, die an Boston vorbei bis tief hinein nach Maine führt. Die Besiedelung des Landstrichs hört auch lange nach der Riesenstadt nicht auf. Aber hier ist das Terrain der Holzhäuser, scheinbar immer frisch gestrichen, ducken sie sich charmant unter die Bäume. Erst lange nach Boston wird die Hausdichte langsam spärlicher.

Auf der Fahrt dorthin passiere ich Connecticut, Massachusetts und New Hampshire. Die Neuengland-Staaten sind ja gewissermaßen die Ahnherren der Vereinigten Staaten. Nachlesen kann man ihren herausragenden Charakter auf den Nummernschildern der Autos. Connecticut ist der Constitution State. Massachusetts, mit der selbstbewussten Metropole Boston, wo schließlich alles anfing, rühmt sich den Spirit of America zu hüten. Und manche mögen's dramatisch: Live free or die – New Hampshire. Was aber steht eigentlich auf den Nummernschildern der Weltstadt New York?

Maine nimmt zwar die Hälfte der Fläche der Neuenglandstaaten ein, ist aber mit gut einer Million Einwohner nur dünn besiedelt. Kennzeichnend für den selbst so genannten Ferienstaat sind eine zerklüftete Küste. Motels, Inns und Hotels sind zwar reichlich vorhanden, aber selbst jetzt im Februar fast alle besetzt. So ist es schon lange dunkel bis ich ein Motel direkt am Meer finden.

Beim Spaziergang am nächsten Morgen gibt sich der Atlantik arg verfroren. Das sehr langsam rollende Wasser schillert türkisfarben. Dies rührt offenbar vom Eis her, welches sich allerdings unter Wasser auf den Steinen gebildet hat. Wenn sich bei Ebbe das Wasser zurückzieht, gefriert das Nass auf den Kieseln bei Minus 10 bis 20 Grad augenblicklich. Kehrt das Meer zurück, sonnenbeschienen, gibt es grünblaue Farbspiele. Als sollten sie an das reichlich vorhandene Leben im Meer erinnern, liegen locker verstreut überall Hummerkäfige herum. Maine ist ein Paradies für Hummer, oder richtiger für diejenigen, die ihn gerne essen.

Die ungeheure Kälte setzt aber auch dem bewegten Atlantik zu. In Ufernähe hat sich auf der Wasseroberfläche ein Eisgranulat gebildet, welches den Wellengang in Zeitlupe ablaufen lässt. In den ruhigeren Buchten hat die Kälte ganze Arbeit geleistet. Entweder sind sie vollends zugefroren oder doch von zahlreichen Miniatur-Eisbergen bedeckt, die von den matten Wellen mühsam das steinige Ufer hinaufgeschoben werden. Als ich bei einem Leuchtturm – hier gibt's an jedem Küstenvorsprung einen – ankomme, sehe ich, dass selbst die Möven, die ja nicht in dem Ruf stehen besonders wehleidig oder kälteempfindlich zu sein, den Energie-Sparmodus eingelegt haben. Wenn sie sich nicht unbedingt bewegen müssen, pressen sie sich auf die nackten Felsen, um möglichst wenig Wärme zu verlieren.

Nach drei Tagen höre ich, dass ein Schneesturm für die Ostküste angekündigt wird. Also trete ich schleunigst die Heimreise an. Bis zum Stadtrand von New York schaffe ich es ziemlich unbehelligt. Doch dann fängt es an zu schneien – und wie.

Und die Stadt ist weitläufig, der Schnee fällt schnell und ich kenne mich nicht gut aus. Der Schneefall wird dichter, die Schneedecke immer höher, die Hinweisschilder immer unlesbarer, und der Scheibenwischer hat seine besten Tage schon hinter sich. Also fahre ich Richtung Gefühl. Da mein Grobziel Long Island heißt, muss ich unbedingt über eine Brücke fahren. Ich wähle, oder sie wählt mich: die Throgs Neck Bridge.

Als dies geschafft ist, schliddere ich auf dem Expressway Richtung Queens. Jedenfalls hoffe ich das. Kurz vor Manhatten fahre ich rechts runter. Sich an den Straßen und Avenues zu orientieren ist leicht. Wenn man sich in der 53th Avenue befindet, fährt man einfach solange Richtung 39th Av. bis man da ist. Mit den Straßen/Streets hält man es genauso. Das einzige Problem: man muss im richtigen Stadtteil sein, denn die sind alle ähnlich strukturiert. Und genau das wusste ich nicht. Aber ich hatte Glück. Ich war im richtigen Stadtteil und stand schließlich vor dem richtigen Haus. Dann brauchte ich nur noch das Auto in einer Schneeverwehung zu parken und hatte es geschafft.

Am nächsten Morgen war das Mietauto zur Hälfte von der weißen Pracht bedeckt. Den Rest besorgte dann der städtische Schneepflug. Die Straßen müssen ja frei sein. Am nächsten Abend durfte ich dann – mit Hilfe unserer Gastgeber – ein komplettes Auto freischaufeln. Ich musste den Mietwagen ja wieder abgeben.

Die Fahrt durch das eingeschneite abendliche Manhatten entschädigte dann für alles. Das abendliche Häusergebirge war voller Schnee, aber sonst leer. Ich fuhr allein durch Manhatten – Manhatten gehörte mir.

Nur hin und wieder kreuzte ein riesiger Truck meinen Weg, der Schnee geladen hatte, den er irgendwo in den Vororten abkippen wollte. Nachdem ich das Auto abgegeben hatte, stampfte ich zu Fuß mehr als 15 Blöcke lang zu einer kleinen Kneipe, wo ich mit Caroline und unseren Freunden verabredet war. Es hätte ruhig noch weiter sein können. Manhatten hatte sich in ein ruhiges Alpennest verwandelt. Sehr ruhig, aber mit unendlich vielen Lichtern oben drüber. Wieder dieser mystische Gegensatz.

Zum Schluss musste ich nur noch eine Frage klären. Wie schätzen sich die New Yorker selber ein, was steht auf ihrem Nummernschild? Auf der Rückfahrt kurz vor New York konnte ich noch feststellen, dass Rhode Island schlicht der Ocean State ist und New Jersey sich als Garden State empfindet. Wie nun bezeichnen die New Yorker ihren Staat, der von dem Steingebirge Manhattens bis zu den Niagara-Fällen reicht. Sie mögen's, wie nicht anders zu erwarten war, schnörkellos: New York ist The Empire State.

10. Drehtag

INT, Angies Wohnung – morgens

Die Kamera fährt suchend durchs Angies Wohnung. An der Wand hängen Bilder aus Angies Leben. Angie mit acht Jahren, beide Beine im Gips. Angie mit zwölf Jahren neben ihrem ersten toten Pony und Angie mit siebzehn Jahren vor einem völlig verbrannten Flughafen – ihr erster Urlaub ohne Eltern. Die Stille ist bedrückend. Plötzlich wird sie durch lautes Trällern unterbrochen, welches eindeutig von Angie herrührt. Die Kamera befindet sich auf Kniehöhe. Angie geht vorbei, mit nackten Beinen, darüber nur ihr Nachthemd. Angie frontal in der Totalen. Sie schnibbelt mit einer Schere in der Gegend herum.

Angie
Schnippeldischnapp – Das Ding ist ab.
Schnippeldischnapp – Das Ding ist ab.

Plötzlich bleibt sie wie angewurzelt stehen. Ihr Blick ist leicht nach unten gerichtet, ungläubig fixiert sie einen für den Zuschauer unsichtbaren Punkt.

Die Fensterfront von Angie ist von der Straße her zu sehen. In der Balkontür, die leicht geöffnet im Wind hin und her quietscht, spiegelt sich die Morgensonne. Dann: Ein gellender Schrei durchschneidet die Stille.

INT, Olivers Wohnung – tags

Oliver zeigt Olivia gerade seine Entwürfe und ist von sich begeistert. Auch Olivia ist erstaunlich gut gelaunt.

Olivia
Wenn du fertig bist mit deiner Kollektion, kannst du mir vielleicht ein luftiges, leichtes Sommerkleid machen, so eins in lustigen Farben.

Oliver
Warum nicht? So gut gelaunt habe ich dich ja schon lange nicht mehr gesehen.

Olivia
Ja, die Renovierung von Jennys Laden hat mir gut getan.

Das Telefon klingelt. Oliver geht ran.

Oliver
Hallo Angie. Was ist? … Was? … (ruft) Nein. … (zu Olivia) Mein Gott, sie haben Kenny gekillt?

Olivers entsetztes Gesicht in Großaufnahme.

INT, Jennys Bistro – tags

Jenny sortiert gerade die letzten Kaffeebecher ein. Jennifer putzt die Tische ab. Handwerker räumen ihren Dreck weg. Kathy kommt herein und geht auf Jenny zu.

Kathy (verhalten)
Hallo Jenny.

Jenny (dreht sich um)
Ach, hallo Kathy. Gut geschlafen?

Kathy
Wir müssen miteinander reden.

Jenny
Müssen wir?

Kathy (resigniert)
Ja, wir müssen. Ich weiß, dass das nicht richtig von mir war, Markus bei mir einziehen zu lassen.

Jenny kommt um die Theke herum und schenkt sich und Kathy einen Becher mit Kaffee ein.

Jenny
Hattest du denn wenigstens deinen Spaß?

Kathy
Es ist doch eigentlich gar nichts gelaufen.

Jenny
‚Eigentlich gar nichts' lässt viel Spielraum für Phantasie.

Kathy
Naja, einmal hatten wir beide etwas getrunken. Und da haben wir

uns an alte Zeiten erinnert.

Jenny
Ich nehme an, ihr habt den Geist alter Tage beschworen.

Kathy
Ja, so ungefähr war es.

Jenny
Und was war ‚nicht so ungefähr'?

Kathy
Du meinst, was genau passiert ist?

Jenny
Du bringst es auf den Punkt.

Kathy (mit hängendem Gesicht)
Eigentlich gar nichts.

Jenny
Aber uneigentlich habt ihr eine Nummer nach der nächsten gemacht?
Oder wie?

Kathy
Er ist eingeschlafen. Hatte wohl zuviel getrunken, oder so.

Jenny
Ja, ich kenn das. Ich frage mich auch immer, ob er zuviel getrunken
hat, oder ob es an ‚oder so' liegt. Und jetzt?

Kathy
Seit ein paar Nächten schläft er wohl bei Rüdiger.

Jenny (milde entsetzt)
Rüdiger? Ausgerechnet. Da ertrinken ja gleich zwei im Selbstmitleid
und Alkohol.

INT, Rüdigers Wohnung – tags

Rüdiger und Markus sitzen ziemlich verkatert vor dem Computer-
Bildschirm.

Markus
Nun, komm schon. Hast du auch die richtigen PINs eingegeben?

Rüdiger
Das sind totsicher die richtigen PINs. Manchmal braucht er eben etwas länger.

Markus
Okay, Login geklappt. Nun zu unseren Turbowerten.

Rüdiger klickt sich durch die Seite. Mit weit aufgerissenen Augen stieren die beiden auf den Bildschirm. Dann fällt Rüdigers Gesicht zusammen. In Zeitlupe folgen ihm Markus Gesichtszüge. Der lässt sich auf seinem Schreibtischstuhl zurückplumpsen. Die Arme hängen bis zum Boden herab. Er verdreht die Augen.

Markus
Gottverdammte Scheiße.

Rüdiger (weinerlich)
Warum ich? Warum immer ich? Immer bin ich der Idiot. Gott hasst mich.

Markus schaut Rüdiger schräg an.

Markus
Soviel Aufmerksamkeit schenkt er dir bestimmt nicht. Du bist ihm einfach piepegal.

Rüdiger (mit Leidensmiene)
Ein Staubkorn in der Unendlichkeit.

Markus
Viel schlimmer: Ein Staubkorn mit Schulden.

INT, Dr. Malles Büro – tags

Detlef sitzt Dr. Malle an seinem Schreibtisch gegenüber.

Dr. Malle
Aber gab es denn keine andere Möglichkeit?

Detlef
Es bot sich an, und Sie haben ja gesagt, …

Dr. Malle
Jaja, schon. Aber man muss doch nicht gleich jemanden

umbringen.

Detlef
Oooch?! Aber dafür bin ich doch da.

Dr. Malle
Ich dachte, Sie könnten manchmal auch mit etwas Fingerspitzengefühl vorgehen.

Detlef
Das war mit Fingerspitzengefühl.

Dr. Malle reicht Detlef über den Schreibtisch hinweg einen Briefumschlag.

Dr. Malle
Sie brauchen nicht nachzählen, es stimmt so.

Detlef steckt den Umschlag ein.

Detlef
Wenn Sie meine Dienste mal wieder benötigen. Ich löse jedes Problem im Handumdrehen. Bei Zahlungsunpässlichkeiten oder kontraproduktiven Mitteilungshemmungen. Detlefs Reinigungsservice löst Verstopfungen und Sichtbehinderungen. Detlef sorgt für eine klare Sicht auf die Dinge – aus Ihrem Blickwinkel.
Detlef drückt die zusammengefalteten Hände nach außen, lässt die Knöchel krachen und grunzt zufrieden.

Detlef
Habe ich mir selber ausgedacht. Werbung ist das A und O.

Dr. Malle macht eine Handbewegung, wie um ein lästiges Insekt zu vertreiben.

Dr. Malle
Ich werde auf Sie zurückkommen, Detlef, wenn ich mal wieder einen flotten Rohrreiniger brauche.

INT, Jennys Bistro – abends

Jenny und Jennifer sitzen allein in dem fertigen Bistro auf dem Zentralsofa. Sie trinken jeder eine Cola.

Jenny
Am Ende meiner Träume. Nein, am Ziel meiner Träume. Endlich geschafft. Ein eigenes Bistro.

Jennifer
Und dass Spongo dieser schöne Name eingefallen ist.

Jenny (verträumt)
CENTRAL SOAPA. Das klingt so musikalisch, poetisch, jenseits aller Realität.

Jennifer (nachdenklich lächelnd)
Wie er da nur drauf gekommen ist?

Jenny
Spongo ist eben ein Genie. Hoffentlich liefern sie die Folie fürs Schaufenster morgen noch vor Beginn der Einweihungsfete.

Jennifer
Was bekommt überhaupt der Gewinner des Wettbewerbs: Wir schleifen unsere Alten ins Bistro.

Jenny
Eltern, bitte. Alten habt ihr vielleicht gesagt. Der Gewinner kriegt ein viertel Jahr Kaffee umsonst. Wer zuerst mit beiden Elternteilen hier auftaucht.

Jennifer
Das dürfte gar nicht so einfach sein. Viele Eltern schämen sich ja, wie angepasst und spießig ihre Kinder sind. Immer nur Karriere im Kopf, statt mal ein bisschen die Welt zu verbessern. Wenigstens so nebenbei.

Jenny schaut mit einer Mischung aus Mitleid und Genervtheit auf ihre Mutter.

Jenny
Kriegst du jetzt wieder dein Siebziger-Jahre-Depresso? (nimmt Jennifer in den Arm, und singt lächelnd und mit rauher Seemannsstimme) Einmal muss es vorbei sein.

Jenny lacht sich kaputt. Jennifer ist eingeschnappt.

Jenny
Morgen werden wir erfahren, wie die Börsengeschichte von Markus und Rüdiger ausgegangen ist.

Jennifer
Erwartest du etwa ein Happy-End?

Jenny
Nein. Ich bin nur gespannt, ob die Geschichte hell- oder dunkelschwarz endet.

Jennifer
Und was wollte Oliver vorhin am Telefon?

Jenny
Ach nichts. Angies Goldhamster ist mal wieder tot. Die beiden sind jetzt übrigens zusammen. Schön, nicht.

Jennifer
Angie und ihr Goldhamster?

Jenny (genervt)
Nein. Angie und Oliver.

Jennifer
Dann wird Olivia morgen Abend ja auch dabei sein. Also das Depressive stand ihr eindeutig besser, als diese fortwährende Lebensfreude. Da kriegt man ja eine Gemütsverstopfung.

Jenny
Papa und Opa kommen doch morgen Abend?

Jennifer sieht Jenny herausfordernd an. Offenbar ist sie zu allem entschlossen.

Jennifer (nachdrücklich)
Und meine Mama kommt auch.

Abspann
Welche Mütter erscheinen sonst noch zu Jennys großer Einweihungsfete? Vertragen sich Jenny und Kathy wieder? Wie sieht Detlefs neuestes Projekt aus? Und werden Rüdiger und Markus als schuldenbeladene Staubkörner in die Unendlichkeit eingehen?

Après-Dreh
Langsam aber sicher merkt man, dass diese Staffel in die Endphase geht. Bei allen ist so ziemlich die Luft raus. Unsere Pärchen vertragen sich, weil sie nicht mehr genug Energie zum Streiten haben. Und

sogar Kevin zeigt eine paar liebenswerte Seiten seines Charakters – vermutlich aus purer Erschöpfung. Im Moment schreibt er wirklich wie ein Geisteskranker an der Schluss-Szene rum. Und so wird sie dann wahrscheinlich auch werden.

Kathy treibt ihr Liebes- und Lesbenspielchen mit Judith. Die dürfte sich im Moment sexuell vernachlässigt fühlen. Mag sein, dass Judith hofft, dadurch wieder etwas mehr Aufmerksamkeit seitens Kevins zu erlangen. Aber der kümmert sich einen Dreck darum. „Ihr seid ein wunderschönes Paar. Schade, dass wir das nicht richtig ausreizen können", ist alles, was er dazu von sich gibt.

Auch wenn unsere Pärchen nicht mehr richtig streiten, gibt es doch hin und wieder die üblichen Nervereien. Als Jenny mit Markus reinstiefelt, schnauzt sie ihn an: „Und wo hast du sie gelassen?"

„Jenny, ich weiß es nicht."

„Aber sie können doch nicht einfach so weg sein. Hast du unterm Sofa nachgeguckt, im Kühlschrank, hinterm Fernseher, unterm Drucker, zwischen dem Porzellan, in der Keksdose."

„Ich habe sie überall gesucht. Wirklich, glaub mir."

Plötzlich leuchtet Jennys Gesicht, es überstrahlt den gerade aufgehenden Mond, der durch eine schmutzige Scheibe der Kantine durchschimmert. Sie juchzt beinahe.

„In der Waschmaschine. Deine neuen Socken sind bestimmt in der Waschmaschine."

„Waschmaschine?" Markus ist verblüfft. Was sollen denn seine gerademal einen Tag getragenen neuen Socken in der Waschmaschine. Er schüttelt den Kopf. Auf was für verrückte Gedanken Frauen manchmal kommen können.

Eine echte Herausforderung an Toleranz und Gewöhnungsbedürftigkeit ist Detlef. Bei ihm ergänzen sich Körperstatur und Gesichtsausdruck auf das Schrecklichste. Er ist aber ein ganz lieber Kerl. Selbst in Tante Trudys Hamburger beißt er fast zärtlich hinein, als ob er Angst hätte, dem Rindlein immer noch weh tun zu können. Umgekehrt: Wenn ich als unbedarftes Rindvieh Detlef allein auf der Weide begegnete, würde ich allerdings abwägen, ob ein Fluchtversuch noch Sinn macht, oder ob ich mich nicht gleich freiwillig in einen Hamburger verwandeln sollte.

Aber wie man so schön sagt, Detlef könnte keiner Fliege was zu Leide tun. Dass er bei Regisseuren manchmal eine Ausnahme macht, spricht für ein äußerst feines Differenzierungsvermögen. Ralf trinkt denn auch gerne mit ihm mal ein Bierchen und klopft ihm kameradschaftlich auf die Schulter, bevorzugt dafür aber eine Stelle, die mindestens einen halben Meter von Detlefs Unterkiefer entfernt liegt. Nach dem Motto: Vertrauen ist gut, aber mein Arm ist mir wichtiger.

Selbst Angie tastet sich nur langsam an den Braten ran. Heute morgen hat sie sich mit „Wiewiele Jungfrauen gab's denn heute zum Frühstück" schon erstaunlich weit vorgewagt, ohne dass ihr ein Gliedmaßen abhanden gekommen wäre. Detlef hat sogar gegrinst.

Als sie eben gerade aber zu ihm sagte: „Detlev, sind denn alle Körperteile an dir so monströs?", dachte ich, sie wäre etwas zu weit gegangen. Tatsächlich schaute sie unser Boris Karloff mit seinen gelbgesprenkelten grünen Augen eine Weile taxierend an. Doch dann fing er heftig an zu grunzen und nach einer Weile wussten wir: es war sein Lachen. Wir lachten alle mit. Wir konnten gar nicht mehr aufhören zu lachen. Und wenn wir nicht gestorben sind, lachen wir noch heute.

Versuch's mal mit 'ner Nettigkeit

Ist eine Gesellschaft ohne Höflichkeit überhaupt möglich? Schwerlich, wird so mancher sagen. Doch ebenso schwierig gestaltet sich das Zusammenleben, wenn die Höflichkeit absolutes Oberwasser hat. Gerade in unserer durchgestylten Dienstleistungsgesellschaft führt dies immer wieder zu erheblichen Folgeschäden – Körperverletzungen nicht ausgeschlossen.

Wie einfach war doch früher das Leben, als man zum Bäcker ging, irgendwas von Brötchen, Weck oder Semmeln in den Bart hineingrummelte, die Ware über den Tresen zugereicht bekam und sich mit einem einfachen ‚Wiedersehen' von dannen trollte. Oh, geliebte Zeiten einer limitierten Höflichkeit, die noch nicht in den Fluten einer Du-musst-den-Kunden-lieben-Philosophie zu ersaufen drohte – wie vermissen wir dich. Erst neulich wurde ich das Opfer einer bösartigen Höflichkeits-Attacke, die mich gnadenlos zu Fall brachte.

Ich betrete also unseren Bäckerladen, mit dem an sich harmlosen Ansinnen ein paar Brötchen (woanders auch Schrippen, Weck, Semmeln oder sonstwie genannt) zu kaufen. Vor der Eingangstür des Bäckerladens befindet sich eine dreistufige Treppe, die Eingangstür selber ist eine zweiteilige Schiebetür aus Glas. Die beiden Glasscheiben weichen – höflich wie sie sind – zur Seite, wenn man sich ihnen nähert; und schließen sich, nachdem man hindurchgegangen ist.

Im Laden empfängt mich die Verkäuferin mit einem freudestrahlenden Lächeln. „Ich wünsche Ihnen einen wunderschönen guten Tag", plappert sie vor sich hin.

Ich erwidere kurz: „Guten Tag. Ich hätte gern vier Brötchen."

„Hätten Sie gern Weizen-, Roggen-, Körner-, Sesam- oder ..."

„Nur vier einfache Brötchen bitte."

„Oh", macht die Bäckereifachverkäuferin enttäuscht.

„Vier krosse Brötchen", schicke ich erläuternd hinterher.

Jetzt aber strahlt sie wieder als hätte ich ihr eben den größten Herzenswunsch von den Augen abgelesen.

„Gerne", sagt sie und eilt zum entsprechenden Körbchen.

„Einfach oder Doppelback?"

„Wie bitte?"

„Danke", antwortet sie und packt vier Brötchen ein. Dann steht sie mir wieder mit einem strahlenden Lächeln gegenüber.

„Darf es sonst noch etwas sein?"

„Nein", entgegne ich abwesend.

„Vielleicht noch etwas Kuchen?"

„Nein, nein."

„Bitte. Dann macht das ein Euro fünfzig."

Ich habe nur einen 5-Euro-Schein, welchen ich ihr über den Tresen reiche.

„Hier, bitte."

„Vielen Dank."

Sie ihrerseits reicht mir die Brötchentüte.

„Bitte schön."

„Vielen Dank."

Dann rechnet sie an der Kasse ab und gibt mir mein Geld.

„Ihr Geld, bitte schön." Dabei machen ihre Augen bereits einen leicht entrückten Eindruck. Sie hatte diesen Mantra schließlich an diesem Tag schon öfter absolviert.

„Vielen Dank", brachte ich gerade noch hervor. Ich hatte gerade die Tür passiert, die lautlos nach beiden Seiten entschwebte, und war bereits wieder einem sanften Dämmerzustand verfallen, als die Verkäuferin aus der Trance wieder zu vollem Leben erwachte. Dabei fiel ihr alles ein, was sie in Bezug auf Dienstleistung, Kundenbetreuung und -bindung, und sonstige Bäckerei-Psychologie alles gelernt hatte.

„Auf Wiedersehen. Ich wünsche Ihnen noch einen wunderschönen Tag."

Nun muss eigentlich nicht jeder Tag wunderschön sein. Schön, nett, oder nicht übermäßig anstrengend oder nervig reicht doch völlig aus. Aber naja. Jedenfalls stand ich jetzt wieder in der Höflichkeitsschuld. Schließlich konnten wir nicht einfach nur Tschüß sagen, denn sie wünschte mir obendrein noch einen wunderschönen Tag, folglich musste ich … also drehte ich mich blitzschnell noch einmal um, machte einen Schritt zurück, den Mund gerade ein Stück weit geöffnet, als letzterer von zwei Seiten zusammengepresst wurde. Der Bewegungsmelder der Glasschiebetüren war offenbar nicht auf hektische Höflichkeitsbewegungen eingestellt. Da meiner Nase das gleiche Schicksal widerfuhr wie meinem Mund, kam das ‚Den wünsche ich Ihnen auch' nur noch äußert gepresst, um nicht zu sagen gequetscht heraus.

Wie dem auch sei. Die Verkäuferin eilte gleich um den Tresen herum. Die Höflichkeitstür hatte ihren Irrtum mittlerweile eingesehen, und war wieder schamhaft zur Seite geglitten, so dass die nette Verkäuferin mit ersten Wiederbelebungsversuchen beginnen konnte.

„Das tut mir aber leid", murmelte sie.

„Mie ouhhh", stammelte ich.

„Sowas hat sie noch nie getan", fuhr meine Retterin fort, und schaute dabei tadelnd die Glastür an. Gleichzeitig zog sie mich aus der gefährlichen Quetschzone heraus. Nachdem sie mich mit ein paar sanften Schlägen auf die Wangen wieder ins wunderschöne

Leben zurückgerufen hatte, beschloss ich nun aber endgültig der übergroßen Höflichkeitsdichte zu entfliehen und wieder in meinen banalen – aber vergleichsweise erholsamen – Alltag einzutauchen. Also bedankte ich mich ein – hoffentlich – letztes Mal, nickte der netten Frau zu und wandte mich zum Gehen. Nach einem kritischen Blick wich die Tür standardmäßig zur Seite und ich konnte unbehelligt passieren.

Nur das nachgerufene „Noch einen schönen Tag – und passen Sie auf sich auf" wurde mir zum Verhängnis.

Irritiert drehte ich erneut meinen Kopf, um mich ein allerletztes Mal für die netten Wünsche und den gutgemeinten Rat zu bedanken. Um jedoch nicht wieder mit übereifrigen Schiebetüren in Konflikt zu geraten, und um endlich der Verkäuferin zu entkommen, wollte ich nur ein schmales „Danke" zurückflöten. Dies aber war genug, um meine Aufmerksamkeit von der obersten Treppenstufe abzulenken …So wurde aus dem „Danke" ein „Da-aaahhh" und die nette Verkäuferin sah sich diesmal gezwungen einen Krankenwagen zu rufen.

Höflichkeit kann aber nicht nur zu schweren Verletzungen führen, sondern ebenfalls eine an sich harmlose, dann peinliche Situation in ein potenzielles Infernum verwandeln.

Eine sehr ergreifende Geschichte über Höflichkeit in Verbindung mit einer Wohnungssuche hat mir mal Bellinda erzählt, eine junge Frau in den Zwanzigern, die ich zufällig kennenlernte, und die mir die Ereignisse bei einer Tasse Kaffee in einem kleinem Bistro anvertraute.

Bellinda hatte bereits einen ganzen frustranen Tag mit Wohnungssuche zugebracht. Die eine war zu klein, die andere zu teuer, die eine ein Dreckloch, bei der anderen meinte der Vermieter auf bestimmte Sonderdienste Anspruch zu haben usw.

Jetzt war der Tag fast am Ende, und ihre Kräfte waren es auch. Nun gut, noch eine Wohnung stand auf ihrem Waschzettel. Die noch, und dann war Schluss. Als sie schließlich vor dem Haus stand, lichtete sich ihre Stimmung. Direkt an einem hübschem Platz gelegen, der, mit Bäumen bestanden, mehreren Biergärten eine lauschige Heimstatt bot, verbreitete er einen Hauch von Mittelmeer-Flair.

‚Nicht schlecht', dachte Bellinda, ‚vielleicht, ja vielleicht …'.

Die Wohnung lag im dritten Stock. Es öffnete eine ältere Dame, so Mitte 70, mit Mundwinkeln, die in Marmor gemeißelt schienen. Sie taxierte Bellinda von Kopf bis Fuß, und schraubte die linke Augenbraue um 3,5 Millimeter in die Höhe. Dann gewährte sie Bellinda gnädig Einlass.

Die Wohnung erwies sich als hell und ging offenbar nach einer Seite auf den schönen Platz hinaus. Die Vermieterin war nicht gerade eine Frau zum Knuddeln, aber bereits ihr erster Satz machte klar, dass mit ihrer zukünftigen Anwesenheit in diesem Hause nicht zu rechnen sei.

„50 Jahre habe ich hier gelebt, aber nun mag ich meine Wohnung im Seniorenparadies einfach lieber. Sie ist praktischer, die Leute sind gleich zur Stelle."

„Eine sehr schöne Wohnung, wirklich, und ich glaube das Stadtviertel ist auch ...", meinte Bellinda, und gab Gas in Sachen ausgesuchter Höflichkeit.

Während dieser harmlosen Sätze hatten sie das erste Zimmer erreicht. Es war ausgeräumt; lediglich ein altes Sofa stand verlassen darin.

„Aber das Sofa bleibt drin", intonierte die Vermieterin voller Inbrunst.

Auf Bellindas Mund machte sich ein verzucktes Lächeln breit. Die Gedanken und Empfindungen in ihrem Kopf machten gleichzeitig Spagat, verwirbelten sich und schossen wie Raketen in die Höhe.

„Nunjaaa, wenn Sie ..." Die Wohnung selbst gefiel ihr immer besser, und an irgend so einem Sofa, ältlich, durchgesessen und sicherlich nicht gerade ein Augenschmauß, sollte es doch nicht scheitern. Immer schön nett bleiben, sagte sich Bellinda, vielleicht klappt's dann ja auch mit der alten Dame – und vor allem der Wohnung. So schaute sie die Vermieterin an, versuchte nun ein verzücktes Lächeln, und nickte ergebens.

Die Vermieterin schaut Bellinda prüfend an.

„Und legen Sie am besten eine Decke darauf. Ich möchte nicht, dass da ein Fleck drauf kommt. Fünfzig Jahre lang ist da nie ein Fleck drauf gekommen."

Der Speichel schoss nur so in Bellindas Mund und musste mit hektischen Kehlkopfbewegungen in die Speiseröhre bugsiert werden.

„Jaaahhh, ich denke, das wird sich machen lassen."

Sie gingen in einen kleineren Raum, den sich Bellinda gut als kombinierte Gäste-Zimmer-Rumpel-Kammer vorstellen konnte. Auch er war ganz leer bis auf einen überdimensionierten Käfig, der in einer Ecke stand. In dem Käfig saß ein grellbunter Papagei auf einer Stange, und musterte sie aufmerksam.

„Tiere sind im Seniorenparadies leider nicht erlaubt", sagte die Vermieterin. „Die Trennung von Coco wird mir schwer fallen."

Bellindas Augen huschten panisch zwischen dem Papagei und der Vermieterin hin und her.

„Und was geschieht mit Coco?" ruckelten die Worte aus ihrem Mund.

Grimmig erwiderte die alte Frau: „Passen Sie bloß gut auf ihn auf.

Ich sehe von Zeit zu Zeit mal nach dem Rechten. In Beziehung auf Coco verstehe ich keinen Spaß!"

„Das glaube ich Ihnen gerne", musste Bellinda zugeben, als sie bereits in das dritte und größte Zimmer gelangten. Dieses war ebenfalls fast leer. Nur in einer Ecke kauerte schüchtern ein alter Mann auf einem Holzstuhl und schaute die beiden Frauen verängstigt an.

In diesem Moment hatte Bellinda entschieden das Gefühl, dass ihr die Sache über den Kopf wuchs. Sie schaute die Vermieterin ihrerseits nun wild entschlossen an – sogar mit einem Hauch von Aggression. Diese schickte einen prüfenden, forschenden Blick zurück. Dann sah Bellinda in den Augen der alten Frau einen Anflug von Resignation.

Erbittert, kleinlaut und verdrossen sagte die Seniorin: „Na gut, dann nehm ich ihn eben mit."

Zur Beruhigung des Lesers sei gesagt, dass Bellinda die Wohnung bekam. Nicht nur erklärte sich die Vermieterin bereit ihren Ehemann mit ins Seniorenparadies zu nehmen, sondern auch für Coco wurde eine annehmbare Lösung gefunden. Er konnte bei einer Freundin von Bellinda, einer Papageien-Liebhaberin, mit Zustimmung der Vermieterin erfolgreich geparkt werden. Nur das Sofa musste sie übernehmen. Sie legte eine Decke drauf, und bis heute hat nicht ein einziger Fleck das an sich noch tadellose Möbelstück besudelt.

Höflichkeit ist nicht notwendigerweise inhuman. Nur: auch höflich sein, will gelernt sein. Dann kann sie das Zusammenleben sogar angenehmer gestalten. Aber Gott schütze uns vor einer Höflichkeitsdiktatur – denn eine solche kann ungemein grausam sein.

11. Drehtag

INT, Jennys Bistro – abends

Die Eröffnungsfete ist in vollem Gange, der Raum bereits ziemlich gefüllt. Überall stehen die Personen herum, welche uns in dieser Staffel begleitet haben. Im Vordergrund macht Jenny gerade in Familie. Dame Lisbeth, Jennifers Mutter, und Herr Sebastian, der Vater von Jennys Vater Bastian, betrachten gerade kritisch die Szene.

Herr Sebastian (mit krächziger Stimme)
Ob von denen einer richtig arbeitet?

Dame Lisbeth
Was die wohl alle hier wollen?

Herr Sebastian
Ein Zuhause scheinen die jedenfalls nicht zu haben. Habe ich euch schon mal erzählt, wie uns in Kolumbien unsere Berghütten abgebrannt sind.

Bastian
Hast du schon, Vater.

Herr Sebastian
Und dann kam der Erdrutsch. Was für eine Sauerei.

Jennifer schenkt Herrn Sebastian etwas Grapefruitsaft nach und zeigt aus dem Fenster.

Jennifer
Schau mal, Vater, draußen findet gerade ein Banküberfall statt.

Herr Sebastian (mit oberkrächziger Stimme)
Wo?

Herr Sebastian läuft zum großen Fenster und sieht suchend hinaus. Dabei ist der Schriftzug CENTRAL SOAPA auf der Glasscheibe zu sehen. Derweil kritisiert Jennys Vater seine Frau.

Bastian
Das war nicht nett, Jennifer. Deine Mutter erzählt auch immer sehr ausführlich, wie dämlich du dich angestellt hast, als du zum ersten Mal deine Monatsblutung hattest.

Jenny

Bitte nicht wieder die alte Regel-Diskussion. Mischt euch einfach unauffällig unters Volk. (leiser) Und erzählt nicht jedem, dass ihr mit mir verwandt seid.

Bastian, Dame Lisbeth und Jennifer verteilen sich im Raum. Markus kommt zur Tür herein, ist erfreut, Jenny allein herumstehen zu sehen, und läuft entschlossen zu ihr hin.

Markus

Hallo, Jenny.

Jenny

Hallo, Markus.

Markus reicht Jenny ein kleines Päckchen. Sie reißt dies gespannt auf. Zum Vorschein kommt ein rosa Sparschweinchen, auf dem steht ‚Mein 1. Sparschweinchen'.

Jenny (entzückt)

Dass du das noch weißt. Wie wir damals vor der Sparkassenauslage standen und ich mich daran erinnerte, dass ich als Kind genauso ein Sparschweinchen hatte.

Markus

Damals waren wir noch glücklich, Jenny.

Jenny (seufzt)

Ja, ich weiß. (schaut Markus versöhnlich an) Und ich habe dich geneckt, und dich mein kleines Dreckschweinchen genannt.

Markus (beschämt)

Ja, den Kosenamen hatte ich dann weg. Nur veränderte sich der Klang im Laufe der Zeit. (ernst-verlegen) Jenny, meinst du nicht …

Jenny (mit großen naiven Augen)

Jaaahhh?

Rüdiger kommt hereingestürmt und peilt sofort Markus an.

Rüdiger

Hallo, Jenny, meine Gratulation. Hast du vielleicht hier irgendwo einen Computer mit Internet-Anschluss rumstehen?

Jenny

Klar. Da hinten in der Ecke. Der ist für die Gäste gedacht, weil …

Rüdiger
Entschuldige, mein Schatz, aber es sehr wichtig. Markus, folge mir.

Rüdiger und Markus verschwinden nach hinten. Jenny trottet halbherzig hinterher. Die Kamera fängt Judith und Kathy ein, die, ein wenig abseits stehend, und in ihren Händen einen Cocktail wärmen.

Judith
Und bei Tageslicht hatte der Rock eine Farbe, ich sag's dir. Wie eine Erdkröte mit Masern nach einer durchzechten Nacht. Den hab ich gleich wieder hingebracht.

Kathy (melancholisch)
Kleidung, Männer und die lieben Speckröllchen. Und ewig singen die Frauen.

Judith (grinst)
Männer sollte man auch umtauschen können. Bei ihnen handelt es sich eindeutig um einen Mogelpackung. Sieht man sie frei rumlaufen, sehen sie wunderschön aus. Hat man sie aber erstmal aufgerissen, ist der dürftige Inhalt meist enttäuschend.

Kathy (resigniert)
Noch enttäuschender ist es, wenn man nicht einmal mehr an den dürftigen Inhalt rankommt.

Thorsten und Spongo sind gerade angekommen und stellen sich zu Kathy und Judith.

Judith
Hallo, Jungs. Wir sprachen gerade über die Schönheit der Männer.

Thorsten
Über die äußere oder innere Schönheit? (lacht)

Kathy
Haben wir beides zusammen kurz abgehandelt.

Spongo
Bei dem heißen Thema kriegt man ja richtig Durst. Ich hol uns mal was zu trinken. (schaut sich um) Oh, dahinten fummeln ja auch Markus und Rüdiger an einem Computer rum. Mal sehen wie die Aktien so stehen.

Spongo läuft Richtung Theke. Als er an Oliver und Angie, Olivia und Wolle vorbeikommt, grüßt er lässig. Die vier stehen in einem Halbkreis zusammen.

Olivia
Ich hatte mal einen Hund, der war immer krank. Aber der Doktor konnte nichts finden.

Wolle
Also, wenn so ein Hengst Blähungen hat, da pustet's dir den Stallhelm vom Kopf.

Oliver
Die Katinka hat so gern im See gebadet. Dabei konnte sie gar nicht schwimmen.

Angie
Einfach den Hals umgedreht.

Dr. Malle steht unschlüssig an der Eingangstür. Neben ihm scannt eine Edelblondine die Umgebung ab. Ihr Urteil: dies hier ist maximal eine Zwischenstation des Abends, wenn überhaupt. Dr. Malle sieht die Gruppe um Angie und steuert diese entschlossen an. Blondie folgt ihm mit blasiertem Gesicht.

Dr. Malle (mit nettestem Lächeln)
Grüß euch, wie geht's denn so? Angie, alles klar?

Angie (frostig)
Wenn ich mal von meinem toten Hamster absehe.

Dr. Malle (entsetzt)
Kenny? Tot? Wie kommt das denn? Wurde er von einem Auto überfahren?

Angie (zynisch)
Natürlich. Und hab ich ihm nicht immer gesagt: Kenny, lauf nicht so weit weg beim Spielen. (tieffrostig) Er ist in seinem Käfig gestorben.

Dr. Malle
Aber den hast du doch gerade gekauft. Ein bisschen länger hätte er schon halten können.

Angie
Er wurde ermordet.

Dr. Malle
Ermordet? Das ist ja furchtbar. (zu Blondie) Hast du sowas schon mal gehört?

Blondie (gelangweilt)
Nein, so einen Blödsinn habe ich noch nie gehört. Ich besorge mir mal was Flüssiges. Derweil könnt ihr ja die Einzelheiten der Trauerfeier besprechen. (Blondie ab)

Dr. Malle (vertraulich zu Angie)
Ich glaube, ich war neulich ein bisschen zu ... du weißt schon. Vielleicht können wir am Montag im Büro in Ruhe darüber sprechen.

Die Kamera folgt Blondie, die ein hautenges kurzes Kleid trägt, welches ihren strammen, festen Aaahhh ... Weiter hinten kommen Markus, Rüdiger und Jenny in Sicht. Die Kamera zoomt auf sie drauf. Rüdiger zieht mit der Maus erregt weite Kreise. Markus und Jenny schauen ihm gebannt dabei zu.

Rüdiger
Irgendein schmutziges Spiel lief da. Diese Drecksäcke haben den Kurs nach oben geschaukelt. Und nachdem sie einen netten Gewinn gemacht haben, einfach in den Keller sacken lassen.

Rüdiger wendet sich zu Markus um.

Rüdiger
Womit aber niemand rechnen konnte: Dass Fondsmanager auf die Zertifikate aufmerksam geworden sind. Hier, guck. Die haben wohl kräftig eingekauft und den Kurs wieder nach oben getrieben. Montag verkaufen wir unser ganzes Zeugs und machen noch einen satten Gewinn.

Rüdiger lässt sich erschöpft in den Schreibtischstuhl zurückfallen. Markus gibt Jenny spontan einen Kuss.

Markus (lacht)
Und ich dachte, ich wäre ratzepleite mit fetten Schulden obendrauf.

Auch Jenny lächelt ihn an.

Markus (richtet die geöffneten Handflächen nach oben)
Phantastisch, wie ER das wieder hingekriegt hat.

Jenny
Bist du jetzt etwa eine vorteilhafte Partie?

Markus (bläht die Brust)
Zumindest kann der Herr … Oh, da ist ja Mutter.

Markus winkt und lotst seine Mutter gestenreich zu seinen Leuten in die Ecke. Elvira winkt zurück und läuft mit strahlendem Lächeln auf ihren Sohn zu. Nach der Routine-Umarmung muss Markus ihr berichten.

Markus
Mutter, du ahnst ja gar nicht, was ich in den letzten Tagen durchgemacht habe. Ist was?

Elvira beachtet ihren Sohn nicht weiter. Vielmehr kramt sie ihr altes Sphynxlächeln aus, was ihr schon in vielen kritischen Situationen über den Berg geholfen hat. Dieses Lächeln ist eine perfide Mischung aus schiefgelaufenem Amusement, Abgründen einer Seele, so tief wie ein bodenloser Brunnen, und einem unterkühltem Gletscher, dem keine Klimaveränderung der Welt je etwas anhaben kann. Das Gefühl, welches einem dabei durchstreift ist so ähnlich wie das von dem Verurteilten, der Nero vorgeführt wurde. Auf die Frage des Exekutors nach Art der Strafe antwortete Nero nur mit solch einem Lächeln.

Elvira
Hallo, Rüdiger.

Rüdiger
Hallo, Elvira.

Jenny und Markus sehen sich verständnislos an. Die zunehmende Spannung, die von der kleinen Gruppe ausgeht, schlägt alle Anwesenden in Jennys CENTRAL SOAPA in ihren Bann. Langsam bilden sich konzentrische Kreise um die kleine Gruppe. Keiner will etwas verpassen, jeder will wissen wie es weitergeht. Und die gute Nachricht ist: Es gibt jetzt keine Werbeunterbrechung.

Elvira
Markus, du wolltest doch immer deinen Vater kennenlernen. Ich habe den Eindruck, das wird jetzt nicht mehr möglich sein.

Markus
Wie?

Elvira (erstaunt)
Na, ihr scheint euch ja schon zu kennen. Oder täuscht der Eindruck?

Markus
Wie? Rüdiger, Vater, kennenlernen? Was?

Auch Rüdiger begreift erst allmählich die Situation.

Rüdiger
Was? Markus, Sohn? Wie?

Elvira nimmt Markus in den Arm, teilweise auch um sich selbst zu stützen, was sie aber niemals zugeben würde, da sie eine von den ganz starken Frauen ist.

Elvira
Der Wurm fällt nicht weit vom Apfelstamm, oder wie das heißt. Ja, Markus, Rüdiger ist dein biologischer Vater, wie man heute sagt. Der Spermienspender-und-dann-nichts-wie-weg, sozusagen eine moderne Flüssigseife.

Rüdiger
Ich bitte dich, Elvira. (schaut etwas betreten nach unten) Ich bin doch nicht wegen des Jungen gegangen, sondern wegen dir. Du musstest doch immer Recht haben.

Elvira (beleidigt)
Ich bin keine Rechthaberin.

Rüdiger
Nein, ich meine ja auch: Du hattest immer Recht. Du warst so vernünftig, vorausschauend, erwachsen. Es war einfach nicht zum Aushalten.

Rüdiger schaut Markus verständnisheischend an.

Markus
Da ist was dran, Mama. Ich fand auch immer, dass du so fürchterlich erwachsen getan hast. Weißt du noch, wie böse du warst, als ich mit acht Monaten noch in die Hosen gemacht habe. Ich habe dir damals gesagt, dass es normal ist für ein Kind dieses Alters, aber du hast mir nur eine geklebt und gesagt, ich solle nicht so vorlaut sein.

Elvira (nachdenklich)
Ich dachte damals, das Leben müsse noch aus was anderem bestehen als aus Kinderscheiße. (wütend) Aber man kann sich doch mal irren.

Markus nimmt seine Mutter in den Arm, Rüdiger steht auf und legt ihr seine Hand auf die Schulter.

Rüdiger
Du hast getan, was du konntest.

Markus (versöhnlich lächelnd)
Siehst du, und aus mir wäre fast was geworden.

Elvira (wischt sich lächelnd die Tränen ab)
Ja, du bist nur haarscharf am Menschsein vorbeigesegelt.

Elvira nimmt jetzt auch Rüdiger in den Arm. Jahrelang aufgestaute Kummertränen verwandeln sich in ein kullerndes Bächlein der Freude.

Elvira
Meine beiden geliebten Taugenichtse. Ihr niedlichen Versager. Ihr entzückenden Nullen.

Plötzlich schreckt Elvira zurück, lässt ihre beiden Männer los und tritt einen Schritt zurück.

Elvira (mit unerbittlichem Gesichtsausdruck)
Was habt ihr beide wieder angestellt?

Rüdiger zupft sich verlegen-grinsend an der Nase herum.

Rüdiger
Wir haben verdammtes Schwein gehabt.

Elviras strenger Mund löst sich in ein goldenes Lächeln auf.

Dr. Malle (zu Blondie)
Bevor mir vor lauter Rührung der Martini im Glas gefriert, gehen wir lieber. (Dr. Malle ab, Blondie noch schneller ab)

Ralf steht am linken Bühnenrand herum, Kevin gesellt sich zu ihm. Er hat einen Lolly im Mund.

Ralf (Regisseur, in die Kamera)
Ich nicht mehr, du Idiot. Ich bin ab, hast du das nicht mitbekommen?

Ralf (zu Kevin)
Was ist, liegen noch irgendwelche Handlungsstränge in der Gegend herum.

Kevin
Kein Problem, die flick ich noch eben zusammen.

Ralf
Dann können wir ja in die Sommer- oder Winterpause gehen. (brüllt) Weiß jemand, was draußen im Moment für eine Jahreszeit ist. (lauscht) Aha! (zu Kevin) Komm, wir gehen einen trinken.

Kevin
Okay, das bisschen Text kann ich auch in der Kantine in den Prompter reinhauen.

Ralf, Kevin und die Tastatur ab. Die Kamera schwenkt auf Markus und Jenny, die allein in der Ecke rumstehen.

Markus
Ganz schön aufregend, was.

Jenny
Jaaahh.

Markus (schaut sich im Bistro um)
Bestimmt viel zu tun hier. Soll ich dir in Zukunft vielleicht ein bisschen helfen, unter die Arme greifen und so.

Jenny (lächelt)
Fangen wir mal mit dem Helfen an, dann findet sich das ,und so' vielleicht auch noch.

Jenny kreuzt ihre Hände hinter Markus Nacken und gibt ihm ein klitzekleines Küsschen.

Rüdiger und Elvira stehen nebeneinander und schauen in das Bistro hinein. Rüdiger hebt die Bierflasche und will einen Schluck nehmen. Durch einen Blick von Elvira weiß er aber, dass er im Moment gar keinen Durst hat. Er stellt die Flasche neben sich ab.

Rüdiger
Ja, ich will dann mal. Habe noch einen Termin. (Pause) War schön dich mal wieder zu sehen. (leiser) Du siehst immer noch klasse aus. (lächelt)

Elvira (lächelt ebenfalls)
Immer noch der Alte. Immer gerade mit der nächstbesten Dummheit verabredet, und immer ein Second-hand-Kompliment auf Lager.

Beide lachen.

Elvira
Vielleicht hast du ja mal Zeit und schaust bei mir vorbei. Dann können wir auf die alten – lustigen – Zeiten anstoßen. Ich stell schon mal das Bier kalt.

Rüdiger (schaut Elvira tief in die Augen)
Passt dir morgen?

Elvira nickt. Rüdiger ab.

Die Kamera findet Oliver und Angie, Wolle und Olivia.

Oliver
Wir werden erstmal ein wenig Urlaub machen, nicht wahr.

Oliver schaut Angie glücklich an und die nickt.

Oliver
Vielleicht auf den Bermudas. Da soll's ein wunderschönes Dreieck geben. Und wie steht's bei dir, Wolle?

Wolle
Nun, ich dachte, vielleicht könnten wir (er schaut Olivia an) auch mal was unternehmen.

Olivia ist ganz entzückt.

Olivia
Toll. Dazu könnte ich dann das neue Kleid anziehen, dass Oliver entworfen hat. Es besteht nur aus einem langen Schal. (kichert)

Oliver
Aber Mutter, das habe ich doch nicht für dich entworfen, sondern für Butterfly Blümchen.

Olivia
Willst du damit sagen, dass ich sowas nicht mehr tragen kann? (weint) Wolle, nun sag doch auch mal was.

Wolle
Also, wir könnten ja ins Kino gehen. (schaut sich unsicher um) Da ist es doch dunkel.

Olivia schluchzt laut auf.

Wolle (schnell)
Danach gehen wir ins beste Restaurant der Stadt, ins ‚Chez Albert'.
Das ist hell erleuchtet. (zu Olivia) Du gehst als meine Königin vor
mir her.

Olivias Gesicht strahlt wie die Morgensonne, die den Expresslift
genommen hat. Wolle beugt sich vertraulich zu Oliver hinüber.

Wolle (leise)
Der Schal hat doch wohl keine Überlänge?

Oliver (verständnislos)
Doch, er läuft in einer weiten Schleppe aus.

Wolle
Aooouuuhhh.

Spongo und Paula stehen nebeneinander. Spongo hat sein
Champions-League-Lächeln aufgesetzt, Paula ist auch ganz
zufrieden.

Paula
Gehen wir noch auf einen Kaffee zu mir.

Spongo
Ich bin ganz verrückt – nach Kaffee.

Paula setzt ein spitzmäuliges Grinsen auf. Thorsten kommt gerade
vorbei, erfasst die Situation und flüstert Spongo ins Ohr.

Thorsten
Alter, lass bloss die Finger von der. Sie ist langweilig, eifersüchtig,
taugt nichts im Bett und kann nicht kochen.

Thorsten geht weiter. Paula ist misstrauisch.

Paula
Was hat er gesagt?

Spongo
Deine Tupfer im Nadelbett seien köstlich. Lass uns gleich gehen.

Kathy und Judith stoßen mit ihrem soundsovielten Cocktail an.

Judith
Ist bei dir was in Sicht?

Kathy
Nein, ich sehe nur glückliche und unglückliche Paare, und den beschissenen Rest, den keiner haben will. Ich übrigens auch nicht.

Judith schaut Kathy an, legt ihr den Arm um die Schultern.

Judith
Für was brauchen wir eigentlich Männer?

Kathy (lacht)
Das frag ich mich auch. Bei den heutigen technischen Möglichkeiten.

Beide lachen.

Detlef betritt das CENTRAL SOAPA. Mit seinen zwei Metern Körpergröße überragt er die anderen, und ist damit nicht zu übersehen. Planlos läuft er kreuz und quer durch die Gegend und deklamiert vor sich hin.

Detlef
Schutzgelder, Erpressungen, Diebstähle. Mord auf Bestellung und Totschlag im Affekt.
Detlef schaut auf seinen Zettel.

Detlef
Notzucht, Überfall, Raub. Hamsterbacken …

Detlef schaut nochmal genauer auf seinen Zettel nach und grunzt zufrieden.

Detlef
Hamster backen, rösten, grillen.

Unter den Leuten macht sich Unruhe breit. Dazu trägt nicht nur Detlefs Körpergröße, seine metallisch blinkenden Zähne, sondern auch der gruftige Geruch seines Sakkos im coolen Retro-Gothic-Look bei. Dass der Reißverschluss an seinem Hals langsam nach unten sackt und ein Stück Wirbelsäule freigibt, trägt nicht zur Beruhigung der Menge bei. Erste Rufe bahnen sich ihren Weg aus zugeschnürten Kehlen.

Rufe
Hat er Kenny umgebracht?

Detlef
Attentate zum Mondscheintarif. Detlefs Altbausanierungen bringen
Sicherheit in Ihre wackeligen Bilanzen.

Detlef schüttelt skeptisch den Kopf.

Rufe
Wer killte Kenny?

Die Menge ist in Bewegung geraten. Sie dreht sich wie ein Strudel
um Detlef als Gravitationszentrum. Der kümmert sich nicht darum,
sondern schwingt einen Bleistift im Takt, mit dem er hin und wieder
Notizen auf seinem Zettel macht. Die Menge dreht sich immer
schneller und die Rufe werden immer lauter.

Rufe
Wer killte Kenny? Wer killte Kenny? Wer killte Kenny?

Plötzlich ein schriller Aufschrei von Angie, die aus ganzen Herzen
brüllt.

Angie
Mein Gott! ER killte Kenny!

Alle schreien! Fluchtartig verlässt der Strudel Jennys Bistro
CENTRAL SOAPA. Die Eingangstür dient als Abfluss. Dabei verebbt
der gemeinsame Schrei langsam. Als alle hinaus sind, herrscht
vollkommene Stille im CENTRAL SOAPA. Nur noch Detlef steht
allein in der Mitte des Raums (genau vor dem Sofa) und textet für
seine neue Werbebroschüre.

Detlef
Detlef macht die Leute platt
Am Samstag auch im Doppelpack
Nutzen Sie unsere günstigen Wochenend-Tarife

Detlef grunzt zufrieden und schaut sich dann erstaunt um.

Detlef
Nanu, Nanu, wo sie sind sie denn alle hin. Ich wollte doch noch
einen kleinen Schluck trinken. Braucht denn niemand einen Killer?

(schaut in die Kamera) Killer werden doch immer gebraucht, oder? Na, dann eben nicht.

Detlef schaut auf seine Uhr und nickt.

Detlef
Schön, dann komme ich ja noch rechtzeitig zu meiner Sendung.

Detlef geht von der Kamera fort, dreht sich dann aber nochmal um, lächelt mit stahlblankblitzenden Zähnen in die Kamera und winkt mit einer pferdekopfgroßen Hand.

Detlef
Tschüüühüüüs.